高等职业教育教学改革创新规划教材 · 酒店管理系列

HOTEL

前厅服务与管理

QIANTING FUWU YU GUANLI

【主编】
吕尤 柳旭

【副主编】
赵丹 吴莹

【参编】
林佳伟 刘梦璐

首都经济贸易大学出版社
Capital University of Economics and Business Press
· 北 京 ·

图书在版编目（CIP）数据

前厅服务与管理/吕尤，柳旭主编. --北京：首都经济贸易大学出版社，2020.9

ISBN 978-7-5638-3023-7

Ⅰ. ①前… Ⅱ. ①吕… ②柳… Ⅲ. ①饭店—商业服务—高等职业教育—教材 ②饭店—商业管理—高等职业教育—教材 Ⅳ. ①F719.2

中国版本图书馆 CIP 数据核字（2019）第 239375 号

前厅服务与管理
吕　尤　柳　旭　主编
赵　丹　吴　莹　副主编
林佳伟　刘梦璐　参编

责任编辑　晓　红
封面设计　风得信·阿东 FondesyDesign
出版发行　首都经济贸易大学出版社
地　　址　北京市朝阳区红庙（邮编 100026）
电　　话　（010）65976483　65065761　65071505（传真）
网　　址　http://www.sjmcb.com
E-mail　publish@cueb.edu.cn
经　　销　全国新华书店
照　　排　北京砚祥志远激光照排技术有限公司
印　　刷　北京建宏印刷有限公司
开　　本　787 毫米×1092 毫米　1/16
字　　数　211 千字
印　　张　8.25
版　　次　2020 年 9 月第 1 版　2020 年 9 月第 1 次印刷
书　　号　ISBN 978-7-5638-3023-7
定　　价　35.00 元

前言 PREFACE

蓬勃发展的旅游业持续推动着酒店业的迅速发展，同时促进酒店业不断发展变化的还有科技的助力、千禧一代引领的消费新风尚。虽然各酒店品牌都在寻求新的方法来迎合潮流，留住客人，但无论市场如何变换，为顾客创造良好的居住体验仍然是酒店服务的核心。酒店业的迅速扩张致使相关人才的需求量急速增长，尤其是对技能型高素质人才的需求。

《前厅服务与管理》是高职类院校酒店管理专业的核心课程之一，旨在培养学生酒店从业必备的基础知识和基本素质，使学生能够掌握岗位所需要的服务技能和管理能力，具备从事酒店行业以及餐饮服务类型工作的职业能力，能够在工作岗位上为客人提供高效的、令客人满意的服务。

本书侧重于素质的培养及流程服务的训练，致力于激发学生对技能掌握的兴趣，因而本书打破以往分岗位叙述的顺序，以一个客人接触酒店的第一视角来展示服务的过程，将客人了解酒店服务、预订、抵达、入住、在酒店消费体验、离店及后续联系的全过程中，前厅部门需要与客人接触的岗位逐一为大家展示。尤其是每个岗位所需要的基本素质、能力和对岗位的忠诚度培养是本书的亮点之一。因为酒店的前厅部门是整个酒店的门面及酒店内部的枢纽部门，对员工的素质要求会更高，只有这样才能适应未来繁重的工作，提供更好的服务。

本书适用于应用型专科类院校旅游大类专业、酒店大类专业、会展类专业教学使用，既可满足理论内容讲授需求，又可满足酒店实际培训需求。

在本书编写过程中，凯宾斯基酒店人力资源部经理金晓琳等为我们提供了案例及素材，在此，对他们给予的帮助表示衷心的感谢。同时，本书从网络上及其他书籍中获取了资料，一并对相关作者表示衷心的感谢。

由于编者水平有限，如有不当及疏漏之处，敬请谅解。

目录

CONTENTS

模块一　前厅部概述

学习目标

知识目标

- 了解前厅部在酒店中的地位和作用；
- 了解前厅部的组织机构和岗位职责；
- 熟悉前厅部工作人员的素质要求；
- 了解前厅环境设计的基本原理。

技能目标

- 能够根据前厅布局的基本原理，为不同星级的酒店进行初步的环境设计；
- 能够以《中华人民共和国星级酒店评定标准》为依据，分析一家酒店是否符合标准；
- 能够依据前厅部组织框架，判断酒店的规模。

实训目标

- 通过参观，熟悉酒店功能区域的基本布局和人员配备；
- 分析酒店在服务过程中的优势及不足。

项目一　认识前厅部

案例导入

客人在办理入住后在大堂吧休息，环顾四周，享受着午后惬意的时光。随后，他招呼门口礼宾的行李员，对他说："小伙子，我很喜欢你们酒店大堂的环境和氛围，中午我就打算在这儿用餐了，麻烦给我介绍一下你们酒店的特色菜。"行李员闻言一脸疑惑，回答道："先生，我不负责这一部分的工作，也不知道酒店餐饮的特色，我去给您找大堂吧的服务人员吧，可以吗？"客人听后，表现出不满的情绪，说："那找你们经理来吧！"

此时，前厅的主管看到了这一幕，过来询问情况，得知客人想在大堂吧用餐，表现出了为难，对客人说："先生，我们酒店的餐厅在十八楼，如果您想就餐，请您到餐厅，大堂吧只能提供饮品和下午茶。"客人听闻，勃然大怒，说："顾客不是上帝吗？你们五星级酒店不是提供所有的服务吗？难道我想在大堂吃饭都办不到吗？一问三不知，都要把我推到别的部门，今天我就要在这儿吃饭了，去把你们经理找来！"客人言语有些激动，已经吸引了一些正在办理入住的客人侧目。

这时，大堂副理走过来，将客人引领至大堂吧的一个隐蔽座位，并且吩咐主管去倒一杯茶给客人。在表明身份并且询问客人诉求之后，微笑地对客人说："先生，很感谢您喜欢我们大堂的氛围和装饰，您如果想要在我们的大堂吧享用午餐，绝对是没有问题的。不过刚才您可能也知道了，我们的餐厅和厨房都是在酒店的十八层，饭菜在运输的过程中，路线比较长，可能会污染了饭菜，同时，现在是午后，办理入住的人越来越多，难免会影响了您享受美食的心情，我们酒店十八层的餐厅环境好、视野好，干净整洁，绝对会给您带来美妙的用餐体验，相信先生您这么有品位，一定会喜欢的，希望您能上去看一看，也为我们提出宝贵的意见。"

客人此刻的怒气已经散去大半，大堂副理为客人递上准备好的热茶，说："我们刚才的服务人员也是为了您的健康考虑，可能言语有些不当，您别介意，我代表酒店向您表示歉意。你能选择我们酒店，我们觉得很荣幸。"大堂副理见客人已经平静下来，连忙打电话到餐厅找到负责人，为此客人安排了位置，并嘱咐照顾好客人。客人看见大堂副理积极地帮他解决问题，表示十分感谢，也表示理解酒店的安排。大堂副理帮忙提起客人的行李，一边与客人交谈，一边将客人送向餐厅。

案例解析

酒店的前厅部门是酒店的一个窗口，服务人员的服务直接影响了一个酒店的形象。作为酒店前厅的服务人员，需要有过硬的基本素质和超强的责任心，尽心尽力为客人解决一切困难；客人在酒店内部消费，可能会在前厅区域提出一些与本部门业务没有直接关系的问题或者寻求帮助，如本案例中，客人向行李员提出要在大堂吧就餐的要求，服务人员应该本着不推诿的原则，使服务更加便捷，而不是像案例中的行李员，直接将客人推给其他服务人员；同时，前厅部门对于员工素质要求是非常高的，既要有专业素养，还要掌握说话技巧，在与客人对话的过程中，应尽量从客人的角度出发，将客人的需求当成自己的需求，设身处地为客人着想，而不是从酒店或者个人利益出发，这样才会使客人宾至如归，感觉到自己备受尊重；在处理客人投诉时，尽量不要让客人陈述不满，避免在公共区域喧哗，应最大限度地减少投诉对酒店带来的负面影响；前厅部门的服务人员应该有将问题最小化和解决在最底层的能力，尽量不找上级处理问题，将事件在最小的范围内解决。

任务一　什么是前厅部

前厅又称大厅（hall）、大堂（lobby），是指进入酒店大门后到酒店客房走廊、餐厅等营业区，供客人自由活动的公共区域。它是每一位客人抵达、离开酒店的必经之地，是客人形成酒店"第一印象"和"最后印象"的重要场所。

前厅部设在酒店大堂，是负责酒店产品销售与服务，组织接待工作，调度业务经营，以及为客人提供订房、登记、行车、电话、退房、管理客账等各项服务的部门。它为酒店各部门提供综合的信息，是酒店的“神经中枢”，是酒店联系宾客的“桥梁枢纽”，是酒店经营的“窗口”。

酒店的前厅与前厅部是不可以混为一谈的。酒店前厅主要指酒店建筑体的大堂部分，是一个区域。酒店有很多部门，比如餐饮部，都有对客服务区域分布在这，其中也包含了前厅部。所以，前厅与前厅部是两个完全不同范畴的概念。

任务二　前厅的地位和作用

一、前厅部在酒店中的作用和地位

（一）前厅部是酒店经营业务的中心

前厅部是酒店的“神经中枢”，负责连接酒店的各个部门。客房是酒店最主要的产品，前厅部通过客房的销售来带动酒店其他各部门的经营活动。同时，前厅部还要及时地将客源、客情、客人需求及投诉等各种信息通报有关部门，共同协调酒店的对客服务工作，以确保服务工作的效率和质量。前厅部自始至终是为客人服务的中心，是客人与酒店联络的纽带。前厅部人员为客人提供的服务，从客人抵店前的预订、入住开始，直至客人结账、建立客史档案，贯穿于客人与酒店交易往来的全过程。

（二）前厅部是酒店管理机构的形象代表

前厅部在客人心目中是酒店管理机构的形象代表。客人入住登记在前厅、离店结算在前厅，客人遇到困难寻求帮助找前厅，客人感到不满时投诉也找前厅。前厅工作人员的言语举止将会给客人留下深刻的第一印象，最初的印象极为重要。如果前厅工作人员能以彬彬有礼的态度待客，以娴熟的技巧为客人提供服务，或妥善处理客人投诉，认真有效地帮助客人解决疑难问题，那么客人对酒店的其他服务也会感到放心和满意；反之，客人会对一切都感到不满。

由此可见，前厅部的工作直接反映了酒店的工作效率、服务质量和管理水平，直接影响酒店的总体形象。某酒店前厅如图 1-1 所示。

图 1-1　酒店前厅

（三）前厅部是酒店的信息集散中心

前厅部是酒店业务活动的中心，负责收集和保存有关整个酒店经营管理的各种信息，并对这些信息进行认真的整理和分析，每日或定期提交真实反映酒店经营管理情况的数据和报表，为酒店其他部门对客服务提供参考依据。例如，客房部每天为客人布置客房时，要参考入住客人的信息，如性别、年龄、国籍等，如果前厅部不能及时地将这些信息提供给客房部门，客房在布置过程中就可能会出现纰漏，引发客人的不满。酒店的管理者也需要根据每日的营业报表做出新的决策。这些信息都是由前厅部提供的。

客人们想要了解酒店及周边的基本信息，也要通过酒店的前厅部进行查询，例如，客人在酒店消费的账单、酒店的特色美食、周边的旅游信息、天气、汇率等。

（四）前厅部是建立良好宾客关系和提高服务质量的中心部门

宾客的满意度是衡量酒店服务质量的标准，酒店服务质量是赢得更多回头客的根本。建立良好的宾客关系，提高服务质量才能赢得更多的回头客，从而提高酒店的经济效益。前厅部门是接触宾客最多的部门，也是搜集宾客需求最及时的部门，主要负责跟踪了解宾客的意见、解决投诉，将问题和建议反馈给酒店的管理部门，不断地提高服务质量，尽可能地提高宾客对酒店的满意程度。随着酒店业竞争的日益激烈，客源是酒店最重视的一个环节，在这种情况下，前厅部的作用更加凸显。

综上所述，前厅部是酒店的重要组成部分，是加强酒店经营的第一个重要环节，它具有接触面广、政策性强、业务复杂、影响全局的特点。因此，前厅部门在整个酒店的经营过程当中具有很重要的地位和作用。

二、前厅部的主要工作任务

（一）销售客房

前厅部门的首要任务是销售客房，前厅部推销客房数量的多少、成交价格的高低，不仅直接影响酒店的客房收入，也间接地影响酒店的餐厅、酒吧等的收入。客房的销售包含以下几部分工作内容：参与市场调研和市场预测，参与房价制定，进行宣传促销活动，配合销售部策划促销计划，开展客房预订业务，对预订工作制定有关的政策、规定和程序。

（二）对客提供各种综合服务

前厅部作为对客服务的集中点，服务范围包括以下几点：

（1）礼宾服务；

（2）问询、邮件服务；

（3）电话总机服务；

（4）贵重物品保管服务；

（5）商务中心服务；

（6）其他服务，如旅游代办服务、机票车票预订服务。

由于前厅部的特殊地位，使得这些日常工作的质量、效率显得非常重要。这直接体现了酒店是否给客人提供优质服务，从而决定了酒店是否能取得良好的经济效益和社会效益。

（三）提供信息收集、加工、传递

前厅部是酒店经营活动的主要信息源，它包括酒店经营的外部市场信息（如旅游业发展状况、宾客消费需要、人均消费水平等）和内部管理信息（如出租率、宾客投诉等）。前厅部不仅要有意识地收集这类信息，还要对其进行加工处理，并将其传递给客房、餐饮等酒店经营部门和管理机构，以便做出相应的决策，搞好对客服务。同时，前厅部还应为宾客提供酒店内外的活动信息（如酒店的服务项目、服务地点、价格、服务时间等）和酒店所在地、所在国的基本信息等。因此，前厅部应努力收集资料，并与酒店其他部门共享资源，为宾客提供出色的服务。

（四）调度酒店业务，协调对客服务

前厅部作为酒店的“神经中枢”，承担着对酒店业务安排的调度工作和对客服务的协调工作。主要表现在：①将通过销售客房商品活动所掌握的客源市场、客房预订及到客情况及时通报其他有关部门，使各部门的业务均衡衔接；②将客人的需求及接待要求等信息传递给有关部门，并检查、监督落实情况；③将客人的投诉意见及处理意见及时反馈给有关部门，以保证酒店的服务质量。

（五）客房管理

控制客房状态的目的是使酒店最大限度地利用客房这一酒店最大的获利产品。因此，提供迅速、准确的可靠状况是前厅部的又一项重要任务。前厅部常常利用客房预订汇总表（room reservation chart）或系统显示客房的长期状况（预订状况），用房状况显示架（room rack）或者系统显示客房的短期状况（瞬间状况）。前厅部应及时、准确地显示并控制客房状况，建立和健全行之有效的管理制度，以保障前厅部与相关部门的沟通与合作。

（六）建立客账

为方便宾客、促使消费，绝大多数酒店采用的是一次性结账服务方式。所以，前厅部必须为住客分别制作账单，接受各营业点转来的经宾客签字的客账资料，并及时记录、累计及审核宾客办理结账、收款或转账服务事宜。建立、控制客账的目的是为了记录和监察宾客与酒店之间的财务关系，以保持酒店的良好信誉度和应有的经济效益。

（七）建立客史档案

前厅部有关客人档案的建立主要分为三部分：

1. 客人档案

建立客人档案是主要任务，国际上著名的香格里拉饭店集团不仅有 VIP 客史，还有常住客人及一些散客的客史，对客人进行定期调查。宾客档案是以宾客的姓名字母顺序排列的有关宾客的主要资料，例如，有关宾客的个人情况资料，每次住店期间的爱好、习惯、特殊要求、投诉等。这些资料是酒店向宾客提供周到的、具有针对性的、个性化服务的依据，也是酒店对客源加深了解，增强市场渗透力，以提高酒店客房销售能力的信息来源。

2. 预订档案

预订档案的建立可以为销售部提供一些资料，有利于销售部进行市场调研，开发

本酒店的客源区。

3. 团队档案

团队档案是针对旅行社而建的，例如，记录某个旅行社的客源是哪个省的，有什么特殊需求等。

三、前厅部的工作特点

（一）接触面广

前厅部门是一个提供综合性服务的部门，接触面广泛，不仅要与酒店内部的各个部门有着紧密和良好的联系，也要与宾客、政府部门等保持畅通的联系。它在为酒店开辟市场、保证客源、推销酒店其他产品的过程中，承担着主要的服务与经营责任。其服务质量的好坏对客人的整个住店过程有着重要的影响，它的工作质量还关系到其他部门的服务效果。前厅部24小时运转，保证不间断地为客人提供优质的服务。

（二）政策性强

前厅部门是酒店的门面，是一个具有特殊意义的设置。涉及的业务从客房的预订、销售、房价的折扣到特殊客人的接待，还有客人投诉的处理、客人的询问，都涉及整个酒店的经营政策，稍有疏忽就会造成政策性的失误。因涉外酒店属于窗口型行业，除了本身的经营、管理需要有许多政策与制度，还必须执行国家的有关法令及涉外条例，而前厅部则是具体执行这些政策的部门，其工作有着较强的政策性。

（三）业务复杂

前厅部的业务包括预订、接待、问询、行李寄存、礼宾、总机、票务、传真、收银、建立客史档案、贵重物品保存和委托代办等，业务专业性较强，涉及范围广，与客人接触多，需求随机性强，信息量大而且变化快。因此要求前厅部的管理人员必须要有较全面的业务知识及较强的沟通协调能力、应变能力和服务技能。同时，由于前厅部的管理效果直接关系到酒店的声誉和经营成败，所以又要求前厅部在管理上要重视对员工的服务态度、文化素养和业务技能的培训，与客人建立起良好的关系，从而给客人留下良好的印象。

（四）影响全局

前厅部是酒店信息的集散枢纽与对客服务的协调中心，因此其收集和整理、传递信息的准确度和效率决定了整个酒店的服务质量。由于前厅部属于一线服务部门，与客人的接触较多，因而其收集的信息量也相对较大。再加上客人的要求每时每刻都会发生变化，这就要求前厅部在信息处理方面有很高的效率。另外，前厅部掌握的一些重要信息，如当日抵店、离店的VIP客人、营业日报表等，都必须及时传递给总经理室及其他相关部门。前厅部的这一特点也决定了前厅部的员工必须具备信息观念、时间观念和价值观念，同时也要重视信息的收集、整理和传递工作，以提高工作效率和服务质量。

任务三　前厅环境设计

酒店的前厅是客人出入酒店的必经之地，也是客人在酒店的主要活动场所之一。

前厅的设计必须体现酒店的整体风格和特色，给客人留下美好的印象。宽敞的空间、华丽的装潢、明亮的照明、清新的绿化可以创造出一种十分具有感染力的氛围，让客人流连忘返。某酒店的前厅如图 1-2 所示。

图 1-2　酒店前厅

一、前厅的布局

微课 1　前厅环境布局

（一）布局的基本原则

1. 经济性

前厅一般设在酒店的大堂，而大堂是酒店的寸金之地，因此，前厅的设置要尽量少占用大堂空间。酒店可以充分利用这一客流量最大的地方，设置营利设施。

2. 安全性

前厅的设置遵循安全性原则。其含义一方面是指前厅的设置必须确保“收银处”的安全，预防有害酒店现金和账务活动的事情发生；另一方面，前厅的设计要能够为客人保密，不让客人轻易得知其他客人的情况。

因此，酒店的前台以直线形、半圆形为多，而圆形较少。

3. 明显性

前厅的位置应该是明显的，也就是前厅的可见度比较强。客人一进入酒店就能发现前厅，同时前厅的员工也能够看清酒店大堂出入的过往客人。

如果一家酒店的前厅不易让客人找到，那么其设置就是不合理的。此外，前厅的明显性原则还包括前台各业务处有明确的中英文标示。

4. 美观性

前厅不仅要高效、准确地完成客人的入住登记手续，而且要能给客人留下深刻的良好形象。

因此，前厅的布局、灯光、色彩以及气氛都是不容忽视的内容。

5. 效益性

前厅的设置还应该注意各工作环节的衔接，确保前台接待人员工作效率的提高和节省客人的时间与体力。绝大多数酒店的前台都是以“客房控制架”为中心进行设计的。

这种方法最利于提高前厅接待工作效率。“时间与动作研究”是设计前厅必须要进行的工作。

（二）前厅的分区

1. 车场

四星级及五星级酒店，应自备停车场，车位不少于40%客房数，即车位/客房为0.4~0.6，其他星级酒店车位不少于30%客房数，即车位/客房为0.3~0.5。

100间客房的饭店一般应设置车位25~45个，其中，1/4~1/3的车位应设置在地面上，即6~15个车位应设置在地面上，以解决酒店门前的停车问题。

2. 正门入口

酒店正门的风格类型：花园式；支架式；门面式。

在总体设计时，应关注下列问题：

（1）应该有供客人上下车的空间及回车道，使客人进出方便、安全。

（2）酒店入口处的设计应力求宽阔。

（3）确保人流、车流顺畅通行。酒店入口处的车流和人流线路应互不干扰。

（4）应有雨搭设计，支架式入口的好处是设置的雨搭可以为客人下车遮风避雨。

（5）针对残疾人的特殊需要，正门前台阶旁还应设有专供残疾人轮椅出入的无障碍坡道。

（6）酒店大门外的空地，通常应设置旗杆，一般设置三根，分别用来悬挂国旗和在酒店下榻的各国国家元首所在国的国旗以及酒店的店旗。

（7）酒店入口处的行车路线安排应考虑右行线。

①酒店涉及以下入口：

• 客人步行出入口。

• 残疾人出入口。

• 行李出入口。

• 团队会议客人独立出入口。

• 通向酒店内外花园、街市、紧邻商业点、车站、地铁、街桥或邻近另一家酒店的各个必要的出入口，以及相应的台阶、坡道、雨篷和电动滚梯。

②大堂通往酒店内部的入口一般包括：

• 经过大堂通往客房区域的电梯厅入口。

• 从主入口和电梯厅直接通向前台的通道。

• 通向地下一层或二层“重要经营区域”的楼梯或电动滚梯。

• 通向大堂所有经营、租赁、休息、服务、展示区域的通道。

③隐蔽通道出入口一般包括：

• 服务、管理人员需要的各个必要的、尽可能隐蔽的出入口、楼梯和电梯。

• 可能与总体布局有关的货物、设备、员工、布草、送餐与回收垃圾出运通道。

3. 酒店大门

酒店大门一般为旋转门、自动感应门和推拉门等。多为组合设计，即手推门加自动感应门，或手推门加旋转门。

4. 大堂

（1）总服务台。柜台的长度及台内面积视酒店的规模、等级而定。柜台长度与房间数目、柜台工作量及大厅的格局应相匹配，柜台长度的标准如表 1-1 所示。

表 1-1　柜台长度的标准

客房数（间）	柜台长度（m）	台内作业面积（m^2）
50	3.0	5.5
100	4.5	9.5
200	7.5	18.5
400	10.5	30.5

对于客房较多、大堂空间较大的酒店，通常将柜台设置成分段式，一般每 50～80 间客房设一个柜台单元，每个单元的长度可以控制在 1.8 米。

（2）柜台的形状、材质。柜台较常见的形状有直线形、圆形、半圆形、椭圆形、L 形、H 形等。多采用大理石、磨光的花岗石、硬木、亚克力材料。

（3）公共卫生间。大堂内应设有公共卫生间，有用中英文文字及图形明显标志的供男、女客人使用的洗手间。洗手间要宽敞，备品需要齐全，如卫生纸、洗手液、烘干机、小毛巾、擦鞋机等，并确保环境整洁无异味。

二、前厅的环境

（一）氛围营造

体现大堂风格的各类活动家具要求既美观又舒适，由室内设计师统一设计款式并挑选布料，由家具厂统一定制，不可随意在街上采购，同时艺术品陈设更应由艺术品供应商在室内设计师的总体构想下定制。

（二）灯光设计

由于一天中室外光对于大堂的影响不同，所以有条件的酒店可考虑使用电脑调光系统。可根据不同的时段，采用不同的灯光场景模式，这样大堂在每一时段都能保持最佳光照效果，同时也使客人始终感到舒适。

（三）色彩的运用

大堂的色彩不能走两个极端，色彩太单一，会使人乏味；但色彩过于繁杂，又容易使人心浮气躁。最好将大堂色彩统一在一个色调中，同时通过布艺靠垫等进行调节，再对艺术品的颜色重点处理，这样容易产生比较理想的效果。

（四）环境噪声控制

噪声对环境是一种污染，影响人们的休息、降低工作效率。酒店的大堂人来人往、谈笑不断，为了营造良好的环境和气氛，必须采取措施，降低噪声。大堂内的噪声一般应不超过 50dB。为有效地控制噪声，酒店大堂的天花板和墙体应选用隔音及吸音材料。另外播放背景音乐也是一种防止噪声的方法，背景音乐要保持在令人轻松愉悦的程度，不影响宁静的气氛，一般 5~8dB 为宜。

（五）绿化

城市中大面积的钢筋水泥建筑使人们审美疲劳，人与自然的距离越来越远，人们想重回自然的心情也尤为急迫。酒店的设计中应该尽可能地融入绿化设计，花卉、树木、山石，使大堂充满阳光，给人们亲切、舒适的自然美感。绿化还能调节湿度，同时还能降低噪声，消除长时间室内活动的疲劳感。

项目二 前厅部组织机构设置

案例导入

“我才住了两天，怎么能收我这么多钱呀？有没有搞错？”一位中年男顾客满脸疑惑地向总台收银员小蔡大声问道。

收银员小蔡面带微笑地回答：“哦，忘了告诉您，您昨天交代总台说，住在906房客人的账单由您来结算，所以有多出来的费用”。

“我怎么可能有这样的交代？906房跟我没有任何关系，你赶快给我查清楚，我还要赶火车的！”中年顾客显然对小蔡的解释不明白，生气地大声嚷嚷。

总台的吵闹声引起了大堂副理小赵的注意，他立即来到总台询问情况，小蔡告知，来结账的这位客人是原先住在908房的吴先生。根据交接班本的记录，吴先生昨天到总台交代说906房的账单由908房一并结算。906房只住一天，所以我们多收他一天的房费，但是今天吴先生说并没有这样的交代。

大堂副理小赵查了一下交接班本的记录，上面记录字迹潦草，908中的“8”似乎是“5”。于是他接下来了解905房的情况：905房是本地一家汽车销售公司的长住房，押金数额比较大。他当即与905房的客人取得了联系，客人说自己昨天是向总台交代说906房的账单由他结算。事情终于查清，原来是交接本记录潦草，收银员小蔡看错了数字所致。大堂副理小赵立即向吴先生解释，并且表示了歉意，亲自为吴先生办理了结账手续，平息了一场风波。

案例解析

在这件事情的处理上，收银员小蔡没有仔细核对交接本上的信息，使交接本的作用失去了意义。虽然事情最后得到了妥善的解决，但是，酒店前厅工作的脱节造成了不良影响，这一教训值得吸取。酒店前台要避免类似事件的发生，员工应该树立整体意识，各个岗位之间、各个员工之间、上一个班次与下一个班次之间应该做好协调工作（包括做好值班记录和交接记录），相互衔接，环环相扣，从而保证整个酒店像工厂流水线那样顺畅地正常运转。

任务一 前厅部机构设置原则与组成

一、前厅部机构设置原则

（一）组织合理

前厅部组织机构的设置应该结合酒店现有的规模、酒店的性质、地理位置和经营特色等实际情况，不宜生搬硬套。应该遵循“因事设岗”，而非“因人设岗”。

（二）机构精简

前厅部的机构设置，应“因事设岗”，防止出现机构臃肿、人浮于事的现象，同时避免出现运作过程中的“交叉地带”。但机构精简并不意味着机构的过分简化，应避免出现职能空缺和“无人问津的地带”。

（三）统一指挥

统一指挥原则又称链行指挥原则，即要求“一个职工归一个上级领导”，无论是清洁工还是部门经理，都应该知道该向谁汇报工作，同时上级管理者要避免越过下级管理者直接处理基层问题，除非下级管理者不在现场而情况又十分紧急非处理不可，这时无论是上级还是下级都可以也应该越级指挥。但为了避免降低下级管理者的威信，甚至引起员工的抵触情绪或消极怠工，通常情况下是不允许越级指挥的。所以，在命令统一原则下，要分清命令与监督的不同概念。

（四）分工明确

前厅部各机构及各岗位人员的职责和任务应明确，指挥体系应高效、健全，信息传达的渠道要畅通，避免出现职能的空缺、重叠或者相互推诿等现象。

（五）便于协作

酒店是一个多部门、多岗位的综合体，酒店的所有员工应有一个整体目标，即酒店的发展就是个人的发展，酒店的命运就是个人的命运。要达到这个目标，依赖各部门的团结一致，共同努力，通力合作。当局部、个体和整体产生了矛盾时，应消除各种消极因素，使各部门紧紧地凝聚在一起，以大局为重，消除摩擦，坚持团结一致的原则。酒店各组织要充分合作，从而给酒店带来合力，给酒店带来几倍甚至几十倍的经济效益和社会声誉。

二、前厅部机构组成

根据酒店的规模，前厅部组织机构设置分为大型酒店前厅部组织机构设置、中型酒店前厅部组织机构设置、小型酒店前厅部组织机构设置。

酒店因为规模不同而有很大区别，主要表现在以下 3 个方面：

（1）大型酒店前厅部管理层次多，而小型酒店层次少。

（2）大型酒店前厅部组织机构内容多、范围广，而小型酒店内容少、范围窄。

（3）大型酒店前厅部职能划分精细，不同的岗位由不同的人员负责，而小型酒店则可能将其合三为一，甚至合四为一，如客房预订、接待、问询、前厅收款一并归入前厅接待。

微课 2　前厅部的组织机构

在众多大、中型酒店的组织机构中，其前厅部与客房部是各自独立的部门，而小型酒店则将前厅部和客房部合二为一，以减少管理费用，将客房销售与客房管理有效协调起来。不过，在实行总监制的大型现代酒店中，设置了房务系统（或称房口系统），由前厅部、客房部、保安部、工程部等几个二级部门组成，并设立了房务总监的职位来统辖整个房务系统。参见图 1-3 和图 1-4。

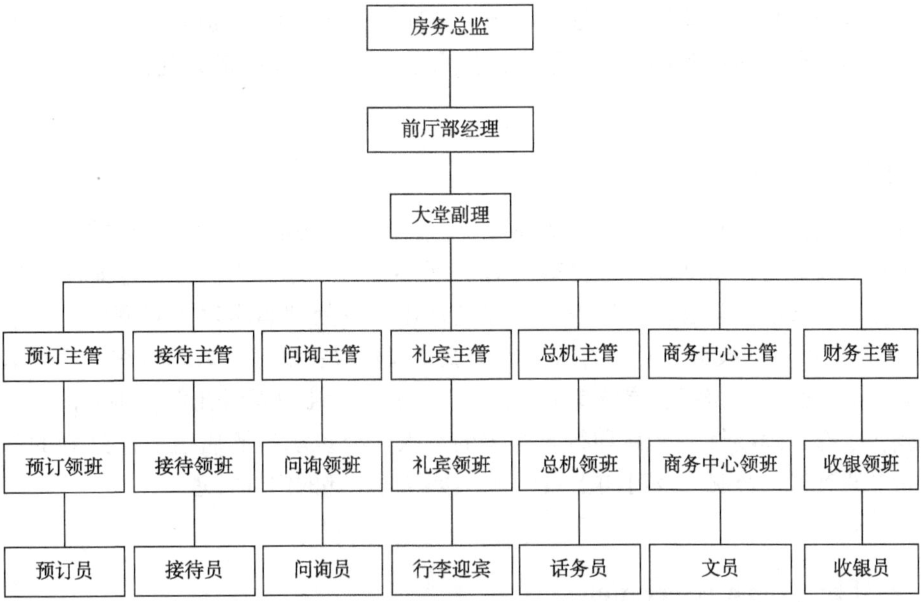

图 1-3　大中型酒店前厅组织结构图

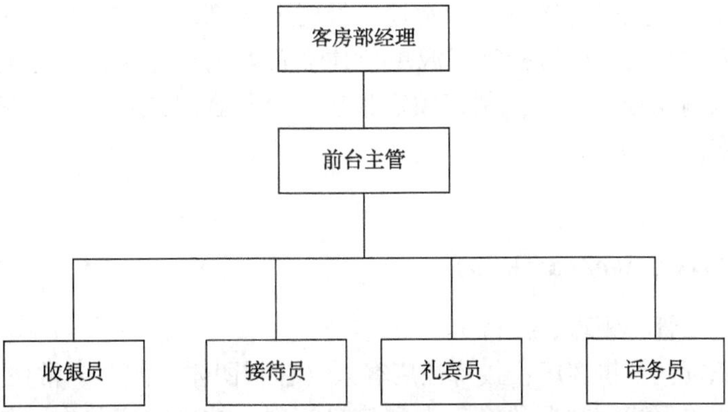

图 1-4　小型酒店前厅组织结构图

任务二　前厅部主要岗位职责

前厅部的各个岗位都有明确的分工，每个机构下设不同的基础岗位，员工被安排到各个岗位执行不同的任务，以确保前厅部门能够正常运转。

一、前厅部经理（Front Office Manager）

管理层级关系：直接对分管副总或房务总监负责。

主要工作职责：前厅部经理是前厅部最高管理者，全面负责前厅部各项工作；负责计划、组织、培训、督导、考核、控制、预算；保证与酒店其他部门间的沟通协调；确保酒店前厅服务质量和员工工作效率；努力争取客房销售的最大利益。

二、前厅部副经理

管理层级关系：直接对前厅部经理负责，直接下属为前厅部各部门主管。

主要工作职责：协助前厅部经理管理前厅部日常工作；当前厅部经理不在时代其职，确保前厅部的正常运转；代表前厅部经理接受及处理酒店客人对酒店内所有部门（包括个人）的一切投诉，听取客人的各类意见和建议；解答客人的咨询，向客人提供必要的帮助和服务（报警、寻物等）；维护宾客安全；维护酒店礼仪；协助前厅部经理或代表前厅部经理接待好 VIP 和行政楼层的客人；夜班承担酒店值班总经理的部分工作，如果遇到特殊情况应及时向上级汇报；参与前厅部的内部管理。

三、预订处（room reservation）

人员配备：预订主管、领班、预订员。

主要工作职责：熟悉掌握酒店的房价政策和预订业务；接受、确认、调整来自各个渠道的客房预订；加强与接待处的沟通，及时向各部门及前厅部经理提供客房预订数据；负责与有关公司、旅行社等客源单位建立良好的业务关系；参与客情预测、对外订房业务的谈判及合同签订；制订预定报表、全年客房预定计划；完善和加强预订记录和客史档案。

四、接待处（reception/check in）

人员配备：主管、领班、接待员。

主要工作职责：销售客房；接待住店客人（包括团体、散客、常住、预订客人等）并办理入住的相关手续；掌握住客动态和信息资料，控制客房状态；与预订处和客房部保持密切联系，即时掌握客房状况；协调对客服务；接待处是酒店核心部门之一。

五、问讯处（information）

人员配备：主管、领班、问询员。

主要工作职责：负责答释宾客的询问（包括酒店内服务项目、市内观光、交通情况、社团活动等）；提供收发、传达、会客等应接服务；分发和保管客房钥匙。

六、收银处（cashier/check-out）

人员配备：预订主管、领班、收银员、外币兑换员。

主要工作职责：办理入住及离店客人的预付金和结账手续；提供外币兑换和零钱兑换服务；建立客人账卡，管理住店客人的账目；夜间统计酒店当日营业收益情况，制作营业报表；负责营收账款的转账。

七、礼宾部（bell service/concierge）

人员配备：大厅服务主管、领班、迎宾员、行李员。

主要工作职责：在门厅或机场、车站迎送宾客；负责在店门或其他地点接送宾客；提供客人的行李存放、托运，确保行李安全；引领客人进入房间，并介绍服务项目、服务特色，适时宣传饭店；陪同客人进入客房，并介绍客房设施；为客人引领方向，回答客人问询及帮助客人公共区域找人；协助管理和指挥门厅处的车辆，确保畅通和安全；负责客人委托的其他代办事项；高级酒店还提供金钥匙服务。

八、总机（switch board）

人员配备：总机主管、领班、话务员。

主要工作职责：接转酒店内外电话；回答顾客电话询问；提供留言、叫醒服务；受理电话投诉；总机是酒店紧急情况的指挥中心。

九、商务中心（business center）

人员配备：部门主管、领班、文员。

主要工作职责：为客人提供通信（传真、长途电话、互联网）、打字、复印、翻译服务；根据客人需要提供秘书服务；提供文件加工、整理和装订服务；提供计算机、幻灯机等租赁服务；提供代办邮件和特快专递服务。

项目三 前厅部员工素质

案例导入

入夜，上海一家五星级酒店的大堂灯火辉煌。

一个国内旅行团正值此时抵店，大堂熙熙攘攘。旅行团领队正在高声念着团友的名字，分发房间钥匙。当领队念到一位团友名字时，一位中年女客人对领队说：“我自己住一间套房，加多少钱我自己付，因为今天晚上我要见一位当地的朋友，可以吗？”领队回答说：“当然可以，等会儿我陪您去办一下手续。”

领队和这位女宾客一起来到前台。女宾客刚表达了自己的想法，前台接待小张便开口：“你是旅行团一起的吧？你不能住套房。”

小张的话犹如水滴进了油锅一般，“什么？我为什么不能住套房，还真是第一次听到这种说法，你觉得我付不起钱吗？”女宾客火冒三丈，音调高了八度，而且很难控制自己的情绪。

小张急忙解释道：“不，不是那个意思，您听我说……”话还没说完，立刻被女宾客打断，“我要找你们经理，你这个人怎么这么说话。”

大堂副理急忙赶过来，这位女宾客又大声地质问大堂副理：“看样子你是经理吧，你手下的员工怎么这么不懂说话，不等我把话说完，就说我不能住套房，我凭什么不能住套房，我走到哪儿还没遇见过如此看不起人的人。”旅行团的领队此时也没了主意，拉了拉女宾客的袖子，生怕事态会继续升级。

“您别着急，是我们的服务不对，我立刻为您开一间套房，高出的房价由我们为您承担，您看这样可以吗？”大堂副理见女宾客情绪如此激动，快刀斩乱麻，这么大方的决定着实让女宾客大吃一惊，火气也渐渐消了。

“你说话算数？”女宾客面露疑色地询问。

“当然，这也算是给我们的服务人员上了很好的一课，我们还要感谢您呢，服务员不懂得说话，确实不应该，回头我再找她谈。”大堂副理说完之后，立刻为客人开了一间套房。

当大堂副理将房间的房卡交到女宾客手上时，女宾客才开口道：“服务员要批评，高出的房费我还是按照正常付的”。

“我是有诚意的，您就接受我对您的谢意吧。”大堂副理一脸诚挚地说。

没等其他宾客和团友围过来，这场风波就已经平息了，大堂副理见女宾客恢复了平静，便去忙其他的工作了。

案例解析

说话要注意方式方法是从事服务行业人员的基本素质。这位前台接待员确实不懂得说话，而且对业务也不熟练，旅行团成员只要支付额外的费用，是可以升级到任何有房的套房的。她可以询问客人是否愿意支付额外的费用，这时候这位女宾客可能正好可以显示一下她家境的富裕，体现优越感，答复自己来支付任何费用，这场风波便不会发生。大堂副理处理事件很果断，并没有跟顾客做过多的纠缠，因为还有很多其他的团友和宾客，如果拖延时间并不会起到好的效果，说不定还会将事态蔓延，越闹越大。因此，学会如何说话，懂得掌握客人的心理，可以很好地避免冲突的发生。

任务一　前厅部管理人员素质要求

一、良好的职业道德

良好的职业道德是每位员工都应具备的基本素质，而前厅管理人员的责任更为重大，所以对他们的职业道德要求就更高。

二、较高的业务水平

管理人员是指导、管理别人的，普通员工懂得的知识，他们必须都懂。所以无论是前厅的服务技能、业务知识，还是外语水平及其他方面的知识，前厅部管理人员都应具备，这样才能赢得员工的尊重，使各项管理工作得以顺利进行。业务水平的高低重在实施力度是否得当，管理人员需按照酒店经营的总方针，积极开展宣传促销工作，对市场和客源的变化做出实事求是的分析，提出可行的促销计划，保证经营计划的有效实施，这就要求管理人员既有较强的控制能力，又有个别指导能力。

三、较好的管理能力

作为管理者，了解管理学的基本理论和知识，掌握一定的管理技术与技巧，无疑是十分必要的。

四、良好的人际关系

管理工作是和人打交道的工作，加之前厅部肩负着与其他部门联络、沟通的职责，因此前厅部的管理人员必须具备很好的人际沟通能力，要及时与下属、客人、上级和其他部门的管理人员沟通，要取得同事的信任与合作，赢得宾客的好感和称赞。

五、较强的社交活动能力

前厅部管理人员要具有较强的社交能力，能在各种场合与不同层次人员进行交谈，能圆满解决客人的要求，取得客户的信任，能争取有关各方面的支持和帮助。

六、较好的语言能力

对前厅部工作人员在语言方面的要求比其他部门高。作为管理人员，应该以身作则，培养自己的语言表达能力，不断提高外语水平，才能很好地与外宾沟通。

七、健康的体魄

服务场所的管理工作是相当辛苦的，每天工作量较大，而前厅的工作又很复杂，随机性更大，如果没有强壮的体魄是支撑不住的，因此就特别要求前厅部管理人员有强健的体魄。

八、丰富的知识储备

前厅部管理人员应掌握现代酒店经营管理知识，熟悉旅游经济、旅游地理、公共关系、经济合同等知识；掌握前厅部各项业务标准化操作、客房知识，了解客人心理和推销技巧；掌握酒店财物管理知识，懂得经营统计分析；熟悉涉外纪律，了解我国主要客源国的旅游法规；熟练掌握一门外语，能阅读、翻译专业文献，并能流利、准确地与外宾交流；具有一定的计算机知识；了解宗教常识和国内外民族习惯及礼仪要求，了解国际时事。

任务二 前厅部服务人员素质要求

一、服务意识

酒店前厅的服务人员必须具备良好的服务意识，正确地理解服务工作，主动热情地为客人提供服务；能够做到微笑服务，乐于助人。

二、善于应变

酒店的前台是神经中枢，事务繁忙，每天会接触各种各样的人和事，对所有事情都必须予以妥善处理。前厅部的工作复杂而灵活，时刻与客人打交道，应妥善处理日常所面临的复杂事物，发挥好神经中枢的作用。

三、业务技能娴熟

熟练掌握业务知识，并且对酒店的整体情况有清楚的了解，能够熟练且敏捷地操作并按照程序完成自己的本职工作，不断提高自己各方面的工作能力，在服务过程中讲究效率，讲究实效。

四、过硬的语言能力

应使用优美的语言、令人愉快的声调，让服务过程显得有生气。能够使用迎宾敬语、电话敬语、服务敬语、道别敬语等规范化的语言。前台员工应该“能说会道”，具备过硬的语言能力，与客人经常进行沟通，减少问题的发生，提高宾客的满意度。现阶段，服务于国际酒店的人员必须熟练掌握 1~2 门外语，以便更好地为国际客人提供服务，使客人有宾至如归的感觉。

五、丰富的学识

要为客人提供优良的服务，须懂得政治、经济、地理、历史、旅游、宗教、民俗、心理等多方面的知识。与酒店其他部门相比，前厅服务人员的知识要求是最高的，对酒店内部的基本服务及设施等的提问也应该能够对答如流。

六、良好的推销技巧

前厅部的首要任务是推销客房，作为前厅部员工应尽可能地推销酒店的产品和服务。同时，应善于控制自己的情绪，绝对不能随客人的情绪波动而波动，避免在销售服务的过程中失态。

七、端正的工作态度

及时准确地向上级或同事报告工作或者传递信息；责任心强，对待自己的工作认真负责；对客人的需求反应敏捷；具有一定的灵活性；有创造性，善于思考；有服从性；遇事沉着冷静，不冲动；爱护酒店的财物，关心酒店的利益；具有团队精神，能够顾全大局。

任务三　前厅部员工礼仪

一、仪容

对前厅部员工的仪容要求如下：

（1）员工进入公司时，发型、服装、鞋饰应统一。

（2）女员工应化淡妆，发前不遮掩，后不过肩，长发后束，如图 1-5 所示，须用暗色发网将头发盘起；不准佩戴饰品（婚戒除外），不准留指甲和涂指甲油。

（3）男员工头发前不遮眉，后不盖领，侧不过耳，发型朴素，梳理整齐，如图 1-6 所示。

（4）不得染发。定期清洗头发，每周至少两次；一般情况下，男职员应每月修剪 1~2 次头发。

（5）注意以下情况应梳理自己的头发：

- 上班（岗）前；
- 进入工作区域前；
- 摘下帽子时；
- 参加会议或集会前；
- 其他重要场合。

（6）梳理头发时应注意：

- 不宜当众或当着客人的面进行；
- 梳理头发不要徒手进行；
- 断发、头屑不宜随手乱扔。

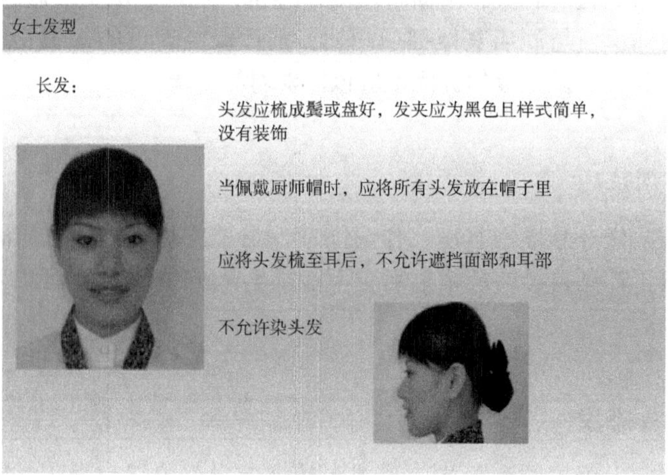

图 1-5　女员工头型

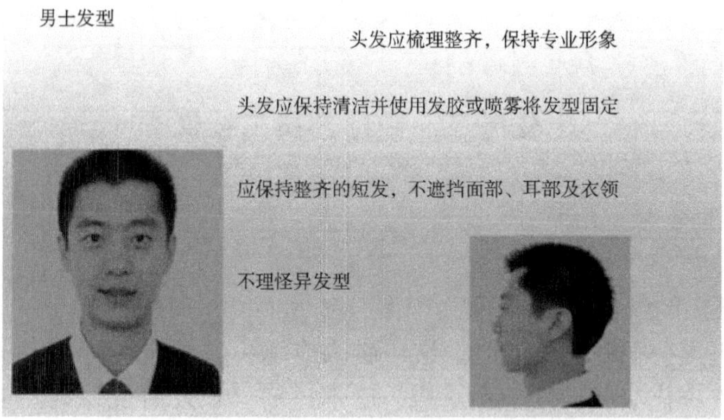

图 1-6　男员工头型

二、仪表

前厅部员工的仪表应做到：

（1）要面带微笑、和颜悦色，给人以亲切感；不能面孔冷漠、表情呆板，给客人以不受欢迎感。

（2）要聚精会神、注意倾听，给人以尊重之感；不要没精打采或漫不经心，给客人以不受重视感。

（3）要坦诚待客，不卑不亢，待人真诚，不要给人以虚伪感。

（4）要沉着稳重，给人以镇定感，不要慌手慌脚，给客人以毛躁感。

（5）要神色坦然、轻松、自信，给人以宽慰感；不要双眉紧锁，满面秋云，给客人以负重感。

（6）不要带有厌烦、僵硬、愤怒的表情，也不要扭捏作态、做鬼脸、吐舌、眨眼，给客人以不受敬重感。

三、礼貌礼节

前厅部员工应做到以下礼貌礼节：

（1）称呼礼节：应恰当地使用如先生、太太、女士、小姐等词语。

（2）接待礼节：前厅部员工说话时语气应温和耐心，双目注视客人，并及时给予应答。

（3）应答礼节：若对客人的问话无法回答时，应主动说："对不起，请稍后"。若客人对回答表示感谢时，应说："别客气，不用谢"。

（4）保持接待环境安静，不可以大声喧哗、哼唱歌曲、聚众开玩笑等。回应客人招呼时，不要高声回答，可点头或打手势示意领会。如逢客人座谈、开会或会见时须接听电话，应走到客人身边轻声招呼或请其出场，并用手指示电话所在处。

（5）与客人交流时，应该注意要与客人保持有效的距离（0. 8m～1m），不过分随意。通常，人际交往距离有 4 类：亲密区（0. 15m～0. 45m），个人区（0. 46m～1m），交往区（1. 1m～3. 5m），公共区（3. 6m 之外）。

（6）不要轻易接受客人赠送的礼物，如确实不收可能失礼，应表示感谢，并按照酒店的有关规定处理。

四、言谈规范

前厅部员工的言谈规范如下：

（1）新客人入住时，应立即表示欢迎与问好。

（2）客人离店时，应表示欢送和再见。

（3）与客人谈话时必须保持站立，与客人保持一步半的距离（0. 8m～1m）。

（4）等客人把话讲完再做回答，不得随意打断客人的谈话。

（5）三人以上的对话，应用互相都懂的语言。

（6）不开过分的玩笑，不因客人的国籍、宗教信仰、穿着打扮等嘲笑客人。

（7）与客人交谈时目光应注视对方，表情自然，保持微笑。注意不得左顾右盼，也不得将头低下或玩弄手指或捏衣服。

（8）精神集中，全神贯注，留心听客人的吩咐。

（9）与客人谈话时要准确、简洁、清晰、表达明白。说话时要注意按轻重缓急，讲求顺序，不要喋喋不休。

（10）与客人谈话的声音以两个人能够听清楚为限，语调平稳、轻柔，速度适中。

（11）谈话时不得做出伸懒腰、打哈欠、玩东西、看手机等动作，不得唾沫四溅。

（12）谈话时不要涉及对方不愿意谈及的内容和隐私。

（13）回答客人问题时不得直接说“不知道”，应以积极的态度帮助客人，或者婉转地回答问题。

（14）如遇到客人心情不佳，言语过激，也不要面露不悦的神色，要以“客人永远是对的”的准则对待客人。

（15）不要与同事在客人面前说家乡话，扎堆聊天。

（16）不要与同事议论客人的短处或者讥笑客人不慎的事情，应该主动帮助客人。

（17）不得偷听客人的谈话。

（18）接听电话时，应该先报清楚自己的岗位和姓名，然后客气地询问对方：“我能为您做些什么?”。

（19）因急事需要离开面对的客人，一律讲“对不起，请稍等”；回来继续为客人服务时，要说：“对不起，让您久等了”。不得一言不发就开始服务。

五、举止规范

前厅人员的举止规范有：

（1）举止要端庄稳重，落落大方，表情自然诚恳，和蔼可亲。

（2）精神振奋，情绪饱满。

（3）双手不得叉腰、插入衣裤袋，双手不要随意乱放，不得敲桌子或玩弄其他物品。

（4）站立时应肩平、头正，两眼平视前方，挺胸、收腹。

（5）在服务区域内，身体不得东倒西歪，前倾后靠，不得伸懒腰、驼背、耸肩。

（6）行走要轻而稳，上体正直、抬头、眼平视，两臂自然地前后摆动，肩部放松。切忌晃肩摇头，上体左右摇摆；与客人对面行走时，应让道并问好。

（7）员工的手势要求规范适度。在向客人指示方向时，要将手臂自然前伸（上身稍前伸，表示尊重），手指并拢掌心向上，指向目标，切忌用手指和笔杆指点。谈话时手势不宜过多，幅度不宜过大。另外，在使用手势时还要尊重各国不同的习惯。

（8）在客人面前，任何时候不得有以下行为：打喷嚏、打哈欠、伸懒腰、挖鼻屎、剔牙、打饱嗝、搓泥垢、修指甲、吸烟、打口哨、哼歌曲等。

（9）在客人面前不得经常看手表。

（10）为客人服务时，不得流露出厌烦、冷淡、愤怒、僵硬的表情，不得扭怩作态、吐舌、做鬼脸。

（11）在服务、工作、打电话和与客人交谈时，如有其他客人走近，应立即微笑示意，表示已注意到客人的到来，不得无所表示或者等客人先开口。

知识链接

未来前厅部的发展趋势

一、精简机构，合理定编

前厅部的组织机构将化繁为简。人力上讲求最大限度地节约，不会雇用一个多余的人。酒店会根据来年预计的营业情况，重新定编。同时，充分利用社会上的专业公司为酒店服务，如将酒店外围的安保工作（正门、停车场等）交由专业的保安公司承包，将商务中心出租等，使酒店的组织机构虚拟化。

二、酒店的定价策略将更加灵活

1. 前台接待人员将得到更大的授权，根据客人及酒店的实际情况，灵活定价。

为了提高前台销售人员工作的积极性，最大限度地提高酒店的经济效益，酒店会将接待人员的奖金与其每月的销售业绩挂钩。

2. 越来越多的酒店将没有固定的房价，而是根据当天的开房率来定价，以创造最大的利润。

但也有些酒店为了维持档次及其在消费者中的信誉，会保持相对固定的价格水平，不会轻易降低价格或提高价格。

三、酒店预订网络化趋势

未来酒店为了提高客房利用率和市场占有率，将利用包括价格在内的各种手段鼓励客人提前预订客房，客人将根据其提前预订期的长短，在房价上得到不同程度的优惠（提前期越长，优惠程度越大），而且，信息技术的发展也极大地方便了客人的预订，绝大部分客人在来酒店前将通过电话或互联网预订客房，没有预订而住店的“散客”将越来越少。其中，网上客房预订将成为一种新的发展趋势。

四、越来越多的酒店将实施“收益管理”

收益管理能够使酒店的客房资料得到最有效的利用，使酒店管理从经验管理上升为科学管理，从而较大程度地提高酒店的经济效益。因此，越来越多的酒店及酒店集团将日益重视并实施收益管理。

从发展的现状和趋势而言，收益管理已经从一种管理思想转化为一种先进的计算机管理系统，好的酒店计算机管理系统都会有收益管理的内容。

五、未来前厅服务的其他发展趋势

1. 一职多能，人尽其才。

2. 一步到位服务。

3. “一条龙”服务。

4. 商务中心的职能退化。

5. 总台接待将发生一些重大变化。

(1) 总台接待由站式改为坐式。

传统的酒店是客人站立办理住宿登记手续。进入21世纪，将有越来越多的酒店，特别是度假式酒店，将改站式接待为坐式接待。

(2) 代客人填写住宿登记表。

对于提供了详细预订资料的客人，前厅部接待人员会提前做好准备，为客人填写（打印）好住宿登记表，客人入住登记时，只需签名刷卡，取钥匙就可入住。对于没有预订的散客，接待人员也会主动帮其填写（打印）住宿登记表，客人只需签名即可。

(3) 入住登记在酒店外完成。

在北美，一些酒店集团开始在机场取行李的地方，为客人办理入住手续。

(4) 结账退房在客人用早餐时完成。

假日酒店推出了用早餐的同时办理退房结账手续的服务项目，这样客人可以在餐厅里吃完早餐就马上离店，既提供了方便，又大大节省了客人的时间。

6. 一步到位服务。

酒店的任何一位员工都必须为有需要的客人提供服务及帮助，不会由于部门的不同而怠慢客人，客人只需要将其问题向一位员工提出就可得到解决，不会遇到将同一个问题向不同的员工复述或被推来推去的现象。

本章小结

前厅部是酒店的核心部门，是联系酒店各个部门与宾客之间的桥梁和枢纽，是酒店的神经中枢，是酒店的橱窗部门。本章着重介绍了酒店前厅部的作用与地位。学生通过学习，应了解前厅部的组织机构，了解酒店前厅岗位的基本职能、前厅部员工的基本素质和礼仪规范，并对现代酒店前厅部有一个基本了解。

情景实训

实训一　为某酒店前厅设计功能布局图

实训要求：教师讲解前厅部功能布局，多媒体展示类似酒店功能布局，或者请学生通过教材、工具书、网络等途径自行了解该项工作；以小组的形式，由组长带头，在成员各自计划的基础上，确定可操作的最佳方案，绘制图纸、安排道具。

实训二　画出前厅部的组织机构图

实训要求：参观一个大型酒店并询问酒店员工，根据参观和询问的内容，画出该酒店的前厅部的组织机构图，并总结前厅部与其他部门的业务关系。

课堂讨论

1. 前厅部的主要工作任务有哪些？
2. 为什么说酒店前厅部的服务质量是酒店服务质量的重要标志之一？
3. 你认为酒店前厅部工作人员最重要的素质有哪些？为什么？

练习题

一、填空题

1. 前厅部的英文名称是______，其主要机构均设置在酒店的______。

2. 前厅部是留给宾客______和______的所在地。

3. 前厅部常常利用______或______来显示客房的长期状况（预订状况）；用客房状况显示架或计算机来显示客房的短期状况（瞬间状况）。

4. 前厅大堂的温度一般维持在______之间，湿度控制在______之间。

5. 前厅部运转的好坏，直接影响酒店的______、______乃至______和______。

6. 前厅部的首要任务是______，______是酒店销售的主要产品，其营业收入一般一般要占酒店全部营业收入的____________。

7. 总台设计通常要考虑三个因素______、______、______。

8. 总台的高度应以____________和总台服务员的____________为原则，其理想高度为110~125厘米。

9. 总台的大小是由酒店______、______和______等因素决定的。

10. 前厅部是酒店经营活动的主要信息源，它包括了酒店经营的______和______。

二、不定项选择题

1. 以下哪些属于前厅部的服务项目（　　）。

A. 行李服务　　B. 问讯服务　　C. 邮件服务　　D. 留言服务

2. 前厅部机构设置的原则是（　　）。

A. 因事设岗　　B. 因人设岗　　C. 因人设事　　D. 因陋就简

3. 前厅部组织机构设置可分为（　　）。

A. 大型酒店前厅部组织机构　　B. 小型酒店前厅部组织机构

C. 中型酒店前厅部组织机构　　D. 招待所前厅部组织机构

4. 小型酒店前厅部组织机构包括（　　）。

A. 部门经理级　　B. 部门副经理级　　C. 领班级　　D. 员工级

5. 前厅部总台设计的外观有（　　）。

A. 直线形　　B. 半圆形　　C. “L”形　　D. “∽”

6. 前厅部对客服务的运作效率很大程度上依赖于（　　）。

A. 员工的素质　　B. 配备的设备状况

C. 前厅结构设计的合理性　　D. 客人的配合程度

7. 前厅大堂内客人主要活动区域的地面、墙面、吊灯等，应以（　　）为主。

A. 冷色调　　B. 暖色调　　C. 亮色调　　D. 暗色调

8. 问讯员提供访客查询服务通常不超过（　　）。

A. 1 分钟　　B. 2 分钟　　C. 3 分钟　　D. 4 分钟

9. 以下哪些属于前厅部员工必备的素质（　　）。

A. 过硬的语言能力和语言艺术　　B. 掌握一定的推销技巧

C. 善于控制自己的情绪　　　　　　　D. 娴熟的业务能力

10. 电话总机房设备可用于提供（　　）。

A. 叫醒服务　　B. 长途电话计费　C. 结账　　　　D. 外币兑换

三、判断题

1. 前厅部属于酒店主要的营业部门。（　）

2. 前厅部的主要机构均设在酒店的办公区域内。（　）

3. 酒店大门外的空旷处，通常设置有一根旗杆，用于悬挂酒店的店旗。（　）

4. 酒店业务活动中心是客房部。（　）

5. 各种规模的酒店前厅部，都有 4 个不同层次的工作人员。（　）

6. 前厅大堂是每位客人抵离店的必经之地。（　）

7. 总台一般位于酒店的一楼大堂，位置不要太显眼。（　）

8. 前厅部一旦察觉到客人有任何不满或担忧，就应该立即处理，将客人的不满或担忧化解。（　）

9. 人际交往中，前厅部员工一般不要接受客人赠送的礼物。（　）

10. 准确地显示客房状况的目的是为了避免前厅工作人员在推销客房过程中出现错误。（　）

英文词汇与术语

1. 前厅部 front office department，FOD
2. 礼宾部 concierge
3. 营业利润贡献 Contribution to Trading Profit，CTP
4. 总经营利润 Gross Operating Profit，GOP
5. 平均每间可卖房间的收入 Revenue Per Available Room，RevPAR
6. 收入产生指数 Revenue Generation Index，RGI
7. 宾客意见调查系统 Guest Satisfaction Tracking System，GSTS
8. 员工满意度调查 ESPS = Employee Satisfaction Pulse Survey，ESPS
9. 全面质量管理 TQM = Total Quality Management，TQM
10. 质量评估系统 QES = Quality Evaluation System，QES
11. 酒店经营管理系统 PMS = Property Management System，PMS

模块二 客房预订

学习目标

知识目标

- 了解酒店的客房的房型房态；
- 了解酒店客房预订的渠道和预定的方式；
- 了解酒店预订的种类；
- 了解酒店客房超额预订的计算方式。

技能目标

- 能够根据酒店房间实际状态，为客人进行满意的预订；
- 能够利用超额预订公式进行超额预订房间数量的计算；
- 能够熟练操作不同渠道预订客人的信息。

实训目标

- 熟悉酒店的房态及房间分布；
- 接受客人预订并完善客人的信息。

项目一 客房的预订知识

案例导入

今天是大连啤酒节开幕的第一天，大连市某酒店前台特别忙碌。为此，前台临时增加了两名帮手，分别协助接待和收银。

这时，在散客接待处来了两位客人，接待员小赵主动问好接应，分别为他们安排了各自的房间，协助小赵工作的小薛在一旁为他们制作了房卡。

夜晚 11 点左右，其中一位住在 1201 房的客人吴先生向前台打来电话称，刚才有一位陌生人突然开他的房门，还好门已经上了保险栓，才没有被打开，但是他受到了极大的惊吓，要求酒店给他一个说法。

几乎与此同时，住在1210房间的刘先生怒气冲冲地向前台走来，朝着前台工作人员大声地责问：“我房间的门为什么打不开，反而开了另一个房间的门，莫名其妙地被1201房间的客人责骂。”

值班经理小唐介入此事后，了解了事情的原委。原来，安排1201房间和1210房间的房客入住的都是前台接待员小赵，他写了房卡，并且输入电脑，而协助小赵工作的小薛，误以为两位客人是一起的，两人该同住一室，于是制作两张钥匙卡时用的是同一个房间的房间号。说来也巧，本住在1210房的客人刘先生白天未进入房间，而是外出后半夜才回到酒店，偏又没注意看清楚房卡上的房间号，把1210号记成了1201号，而去开了1201号房间的门，谁知却遇见了麻烦。一切都是阴差阳错。

最后值班经理小唐分别向两位客人解释了事情发生的原因，并且表达了歉意，取得了客人的谅解。但是酒店前台工作人员的马虎，已经深深地留在了客人的记忆里。

案例解析

这种分别安排住在不同房间却被前台接待人员误以为住在同一房间制作了同一间房卡的事情，是由于对房间的房型房态不是很熟悉而造成的。虽然作为帮工可以理解，但是客人并不会因为这一点而体谅酒店。因此，对于每一位在前厅工作的人员，应该对房间非常了解，也许知道1201房间是一间大床房，就会注意去查询另一位客人是否住的是另一间房，而不会将两位客人误以为是住在同一间房。只有认真仔细才能为客人提供更好的服务，提高服务的质量，提高客人的满意度。

任务一　预订知识

一、什么是预订

客房预订是指客人在抵店前要求酒店为其在某一时间段保留客房而履行的订约手续，又称订房。客人通过电话、传真、书信、Email、网络等方式与酒店联系预约客房。酒店根据客房的可供情况，决定是否满足客人的订房要求。预订在酒店中是一项十分重要的业务。

二、客房预订的目的

（1）对酒店——保证酒店达到最理想的客房出租率；是酒店一项有力的销售手段；有助于酒店更好地预测未来客源，及时调整销售策略；有助于酒店在劳动力、物资等方面的合理调配。

（2）对顾客——尽量满足预订客人的订房要求，省时、省心、省力。

三、客房预订的主要任务

（1）根据客人要求，提供让其满意的理想房间。

（2）及时处理客人的订房要求。
（3）记录、储存预订资料。
（4）完成预订客人抵店前的准备工作。

任务二 房型房态

一、床的基本类型

（一）单人床

单人床（twin bed）一般长度为2米，宽度为1米。随着酒店业的发展，客人越来越追求舒适感，因而现代酒店中床有越来越宽大的趋势。现在星级酒店中单人床长度仍然为2米，但是宽度趋向于1.2米，甚至更宽。

（二）双人床

双人床（double bed）一般长度为2米，宽度为1.4米。

（三）大号双人床

大号双人床（queen-size bed）一般长度为2米，宽度为1.6米。

（四）特大号双人床

特大号双人床（king-size bed）一般长度为2米，宽度也是2米，设置在豪华套间或者总统套房内，是显示酒店房间奢华的象征。

（五）婴儿床

婴儿床（cot）一般采用原木制成，最好是无油漆，以防婴儿呼吸或者皮肤对油漆产生过敏。婴儿床通常有两种：一是供婴儿使用的摇篮式婴儿床；另一种是供大儿童使用的带围栏婴儿床。

（六）加床

一般中高档的酒店不设置三人间，当客人需要三人同住一个客房时，会采用在客房内加一张折叠床的方式解决。加床（roll-away bed，extra bed）通常在开夜床服务时进行，白天会收到楼层工作间，以增加房内客人的活动空间。

二、客房的种类

（一）根据客房内的设置分类

1. 大床房（double room）

在房内配备一张双人床的房间，适合夫妻旅游者居住，也适合单身客人居住。较单人间宽敞舒适，但是数量较少。

2. 单人间（single room）

放一张单人床的客房，又叫单人房，适于单身客人住用，是酒店中最小的客房。

3. 双人间（twin room）

在房内房两张单人床，可住两位客人，也可供一人居住。带卫生间的双人间称为“标准间”（standard room），一般用来安排旅游团队或会议客人。酒店中的大部分房间为双人间，比较经济实惠，收客面广泛。如果将两张床合并使用，也可以作为大床房。

4. 三人间（triple room）

可以供3位客人同时住宿的房间。房内放3张单人床，属经济型房间。有时也可以作为家庭房使用，经济实惠，但是空间过小，没有隐私的休息空间。

5. 豪华套间（deluxe suite）

可以是双套间，也可以是三套间，分为卧室、起居室、餐室或会议室。

6. 标准套间（standard suite）

又称普通套间，一般为连通的两个房间：一间做卧室，另一间为起居室，即会客室。

7. 总统套间（presidential suite）

一般由7、8个房间组成，一般三星级以上的酒店才有。它标志着该酒店已具备了接待总统的条件和档次，但并非总统才能住。

（二）根据客房的位置分类

1. 外景房（outside room）

指窗户朝向公园、湖泊、大海、山景、特色街景或者山景的客房。客人可以在房间内看到除酒店建筑外的其他景色。

2. 内景房（inside room）

指窗户朝向酒店的内庭院的客房，客人在房间内看见的是酒店建筑内的景色。

3. 角房（corner room）

位于楼层走廊、过道尽头的客房。通常情况下会与其他相同客房的大小有略微差异。

4. 相邻房（adjoining room）

相邻的两间客房。

5. 连通房（connecting room）

相邻的两间客房，内部由连通门连接。平时连通门可以两面反锁，以保证客房安全，如有需要时，可以打开连通门连接两间客房。

（三）其他类型客房

1. 商务房/行政楼层

商务房，是专门为从事商务、公务活动的客人而设计的。客房内的家具设备的配备与布置充分考虑到商务客人的办公需要，包括大的办公桌、电脑专用插孔和电源插座及一些办公用品等。随着商务客人的增多，酒店这类客房的比例也在不断地增加，一些高星级的酒店设立了行政楼层（executive floor），以便向客人提供更具针对性的服务。

2. 无烟客房/无烟楼层

一般无烟客房门上和房间内均设有禁烟标记，房间内不设烟灰缸，不接待吸烟的客人入住，深受不吸烟人士的欢迎。一些高档酒店还专门设有无烟楼层，以满足客人日益增长的对无烟客房的需求。现在的无烟客房还有向绿色客房、环保客房概念发展的趋势。北京的所有酒店均为无烟酒店，客房内明令禁止吸烟。

3. 残疾人客房

客房设置充分考虑到残疾人的生理特点，一般要求楼层较低，进出方便；通道宽敞，地面无障碍，以保证残疾人车通行；房门把手、窥视镜、墙上装的扶手的位置应方便坐轮椅的客人；房间内专门设有与客房服务中心相连的呼叫按钮等，真正为残疾人在客房内的休息与活动提供方便，确保住店舒适和安全。按照旅游酒店星级评定标准，三星级以上的酒店必须具备残疾人客房。

4. 女性客房/女性楼层

在个性化服务越来越受重视的今天，女性客房应运而生，客房设置、设备与服务都充分地照顾了女性的生理和心理特征，考虑到了女性客人住店时的各种要求，使她们感到舒适、安全、受尊重。如客房陈设温馨浪漫，备有各种女性杂志；衣橱内有裙架、熨衣板等；卫生间十分宽敞，并有吹风机、化妆镜和其他女性专用设备、用品等。

三、酒店房间房态

酒店中一般有 19 种客房房态。

（1）空房（Vacant Clean，VC）：表示该客房已经清扫完毕，可以重新出租，亦称 OK 房。

（2）走客房（Vacant Dirty，VD）：同样也表示空房，但是是前住客离店后没有经过打扫的空房。

（3）未做住客（Occupied Dirty，OD）：表示将要退房，但是暂时处于有客人入住的状态。

（4）已做住客（Occupied Clean，OC）：表示在住该客房，客人新入住，当日抵达并且办理完入住手续，客人已经领走房卡。

（5）待修房（Out Of Order，O. O. O）：表示该房间由于故障或其他原因，不能满足对客服务需求，需要维修部进行维修而暂时不适合出售。

（6）预计退房（Estmated Check Out，ECO）：表示该房间客人按照预计的预订信息和入住信息，即将在某个时间节点退房。

（7）无烟房（No Smoking，NS）：无烟房是为不吸烟、讨厌烟味的客人准备的房间，一般无烟房无烟缸和火柴，有明显禁烟标志，在客人入住前问清客人是否需要无烟房，无烟房严禁出售给吸烟的客人，如有客人在房内吸烟，可在客人退房后一星期内出售此房间，使用熏蒸机并开窗通风。

（8）外睡房（Slept Out，S/O）：表示客人昨晚没回来住，房间为干净房，一般客人没有动过卫生间及床铺的都视为外睡房，为防止客人逃账，此种情形前台应及时掌握情况。

（9）双锁房（Double Lock，D/L）：表示房间大门已锁，而且房间内被人反锁，故上了两道锁，所以称双锁。显而易见，双锁房就是采用双锁客房状态的客房。

实施双锁房的原因：客人的请求——客人根据自己的需要提出，通常是为了更加安全；酒店决定——由于付费问题或不受欢迎的客人、涉嫌逃账者以及安全问题，如在客房发现有枪支或毒品等。一旦实施了双重锁房，只有值班经理等主要安保人员或更高一级的管理层才能进入房间。

（10）请勿打扰（Do Not Disturb，DND）：在未征得客人同意的情况下，请勿打扰房是不可以进房打扫的。一般情况下在下午 14:00 打电话进房询问是否需要打扫，如果无人接听，值班经理在 17：00 时可再致电，询问是否需要打扫。

（11）请即打扫（Make Up Room，MUR）：表示房间内的客人需要立即打扫房间或者是外出了，可以进房间打扫房间。

（12）拒绝服务（Refuse Service，RS）：即将需要打扫的或者正在打扫的住客脏房，因客人明确拒绝打扫，视为拒绝服务，同时也称为“NNS—No need service”。RS 两天的房间前台要及时掌握情况，以防发生意外。

（13）无行李（No Baggage，N/B）：即住客房、预退房，没有客人一件行李，视为无行李房，此种情况很有可能客人未办退房手续已离开酒店。为防止客人逃账，前厅工作人员应掌握此类型客房客人情况。

（14）少行李（Light Baggage，L/B）：即住客房、欲退房客人的行李少，只有一件或者几件不值钱的行李，视为少行李房。为防止客人逃账，前厅工作人员应掌握此类型客房客人情况。

（15）重要客人（Very Important People，VIP）：表示此房为酒店非常重要的客人。

（16）长住客（Long Staying Guest，LSG）：表示由客人包租的房间，常住客人均要与酒店签订合同，并且至少留住一个月。

（17）结账（Check Out，C/O）：客人在前台办理退房手续，客人已经离开房间，已经不能再次进入房间。

（18）入住（Check In，C/I）：客人在前台办理入住手续，已经领取房卡。

（19）客人未到房（NO SHOW）：有预定但客人未抵达酒店办理手续，通常指有预订担保，前台会按照正常入住手续使该预订变成入住状态。

任务三　预订渠道

一、预订渠道

酒店宾客一般可以通过下列渠道预订客房：

（1）登录酒店官方网站，直接向酒店预订。

（2）通过与酒店签订商务合同的公司预订。

（3）通过酒店所加入的预订网络预订，如携程网、途牛网、艺龙网、去哪儿网等。

（4）向旅行代理商预订。

（5）向航空公司或其他交通运输部门预订。

（6）向专门的会议组织机构预订。

二、计价方式

按照国际饭店协会规定，酒店房价的计价方式一般分为 5 种：

（1）欧式计价（EUROPEAN PLAN，EP），只含房费。

（2）美式计价（AMERICAN PLAN，AP），房费中含早、中、晚三餐费用。

（3）修正美式计价（MODIFIED AMERICAN PLAN，MAP），房租含两餐，即早餐加午餐或晚餐任选一种。

（4）欧陆式计价（CONTINENTAL PLAN，CP），房租加欧陆式早餐。

（5）百慕大计价（BERMUDA PLAN，BP），房租加美式早餐。

任务四　预订方式

一、国际互联网（internet）预订

随着信息时代的到来，国际互联网预订是现阶段酒店客房预订的一种新模式。

（1）国外互联网预订。

（2）国内互联网预订：

- 利用企业自身网站；
- 利用网络订房中心等中间销售商；
- 利用其他网站。

二、电话（telephone）预订

（1）最普遍的方式，快速、简便、易于沟通。

（2）要适当地进行“电话促销”。

（3）注意不能让客人久等，忙时可留下联系电话，晚些回复。

（4）准确掌握客房预订状态。

（5）预订单放置在可取地方，方便随时进行记录。

（6）准确记录订房要求。

（7）24 小时安排预订人员在岗。

（8）婉拒订房时，列入等候名单。

（9）时间允许，发送电子版订房确认单或订房预订短信息。

三、面谈（face to face）预订——个人、公司、团队

（1）要尽量避免承诺具体的房间号。

（2）用房紧张时，要注意提醒客人，预订的客房保留到抵店当天的 18:00。

（3）客房展示。

四、传真（fax）预订

（1）比较传统的通信手段之一，比较适用于大中型酒店和团体预订。

（2）优点：操作方便，信息传递快，也能避免预订纠纷。

五、口头（verbal）订房

客人直接来到酒店，当面预订客房。采用此方式，方便酒店了解客人的需求。但是在预订过程中，要注意书写清楚。在酒店经营的旺季（peak season）不能确定抵达时间的客人，告诉预订保留到当天 18：00。若客人不能确定确切天数，要请客人提出最多和最少天数。

六、信函（letter）预订

古老而正式的预定方式，比较适合于提前较长时间预定的客户和以接待度假或会议宾客为主的酒店。

七、合同（contract）订房

一般是酒店与旅行社或者商务公司等为长期出租客房而签订的订房合同，这种订房方式的法律效力最强。

八、手机（APP）预订

现阶段比较流行的订房方式，多种订房终端的 APP 可以免费下载，在 APP 上可以直接预订酒店，查询酒店的信息及查看酒店的评价等。

任务五　预订的种类

一、非保证类预订（non-guaranteed reservation）

（一）临时性预订（advanced reservation）

（1）客人在抵店日期很近或到达的当天联系预订。

（2）一般口头确认，没有书面确认或未经客人明确确认。

（3）当天的临时性预订由前厅接待员受理。

（4）保留至当天 18:00。

（二）确认性预订（confirmed reservation）

（1）提前较长时间提出订房要求，酒店以书面形式予以确认。

（2）为预订的宾客保留客房至某一规定时间，时间过后，客人未抵店，也没有任何声明，可将客房转给等候的客人。

（三）等待类预订（waiting reservation）

（1）客房已经订满的情况下，将一定数量的客人列入等候名单，如果有客人取消或提前离店，酒店优先安排这些客人。

（2）征求客人同意。

二、保证类预订（guaranteed reservation）——担保预订

宾客保证前来住宿，酒店保证落实预订，保留客房至抵店日期的次日中午。任何一方违约都要承担经济责任。对双方的保证，是信誉最高的一种预订方式。

保证类预订的类型包括：

（1）预付款担保：所订客房的一夜房费。

（2）信用卡担保：宾客届时既不登记入住，又没取消预定，可通过发卡公司收取一夜房租。

（3）合同担保：酒店与经常使用酒店设施的客户单位签订合同以担保预订。

项目二 客房预订程序

案例导入

上海市某酒店曾经发生过这样一件事情：好端端的一间客房，闲置了一个月没有出租！仅因为该酒店的预订系统里面显示，该房间是被“lock”的状态。一个月的时间里，这一间客房到底是什么状况，不曾有人过问。

当然，这也是“事出有因”。原来，在一个多月前，由于这间客房需要维修，暂时被“lock”起来，但是，在维修过后，酒店预订部门的人员并没有将“lock”解除，一直默认是不能使用的状态，这期间也没有任何人询问或者去房间查看情况。当然，楼层的服务人员由于没有接到相关的通知，也并没有到该房间去查看。

案例解析

酒店房屋每天的出租率非常高，而这样一间闲置的房间竟然被“藏起来”一个月之久，经济损失显然是很严重的。对此，酒店不应单纯地考虑酒店经济损失一个方面，而是应该审视酒店员工的责任心。

谁该对此事负责呢？首先应该是负责预订的服务人员，他们本应该及时地与部门确认房间的状态，以便更好地为客人服务；其次，前台的领班、主管、负责楼层的领班也对此事负有一定的责任，因为他们的职责就是了解每间房的房态，检查预订、入住情况。因此，掌握好酒店房间的房态，完成预订，提升酒店的经济效益，是工作中的重中之重。

任务一 预订工作的作用

预订工作体现了酒店对前厅工作的前瞻性。一次完美的旅行最初不可或缺的环节就是酒店房间的预定工作。酒店房间及餐饮的预订，关系到客人旅行活动的衣、食、住、行、购等，其重要性不言而喻。只有预定好了酒店房间，人们才可以后顾无忧地做其他相关计划，由此也体现出酒店房间预订工作的重要性。酒店中的预订服务正是为了满足宾客的需要而开展的。

预订是宾客与酒店的第一次对话，不管是电话预订、网络预订还是托人代办预订等，在宾客心中，都会形成对酒店服务的第一印象，这个第一印象必然决定了宾客的多项选择。服务质量和服务效率的提高是为了在宾客心中梳理酒店的形象，有了和谐完美的第一印象，宾客才会做出选择，成为酒店品牌的忠实拥护者。所以，酒店的预订工作其实是其他服务工作的基础，关系到酒店的外在形象、声誉，更决定了酒店客源量的大小，其重要性可见一斑。

预订的流程只有做到真正的标准化和因人而异的个性化服务，才能使酒店更加贴心和完善地为客人服务。因此，在客人的预订信息传达到酒店时，如何准备成了酒店前台工作中不可或缺的一部分。

任务二　预订工作的准备及要求

一、预订前准备

预订工作的前期准备工作很重要，做好一定的准备，预订工作才能顺利、有序地开展。因而，作为预订员，在预订服务的准备阶段，应该做好以下几方面的工作：

（1）对于预订系统要熟悉，掌握酒店预订的房间数量。

（2）查阅上一班预订资料。

（3）检查计算机、准备预订单、表格等。

（4）对可预订的各类客房心中有数，以便向客人提供准确的房间情况。

二、接受预订

订房员在接受客房预订时首先应查阅客房信息，如有空房，则立即填写订房单，并询问以下事项：

（1）客人的姓名、性别、国籍。

（2）抵店日期、时间、交通工具及班次。

（3）所需房间的种类、房价及数量。

（4）询问订房人姓名、单位、联系电话。

（5）说明所订房间的保留时间。

（6）询问客人是否需要接车、接机服务并说明费用。

（7）复述上述内容，请客人确认。

（8）对客人订房表示感谢。

下面为客房预订对话实例。

预订员：您好，这里是轻韵大酒店客房预订部，有什么能帮到您？

客人：我想订一间客房。

预订员：好的，我们这里有标准间，每晚人民币680元，商务房880元/晚，标准套房1 280元/晚，商务套房1 580元/晚。豪华套房1 880元/晚，每一种客房都有大床和双床两种，商务套房配有INTERNET插口，豪华套房配有按摩浴缸。先生，请问您需要哪一种客房？

客人：我想订一间标准间，要大床的。

预订员：先生，请问您在什么时间需要？住几晚？

客人：下周五，住两晚。

预订员：下周五是四月二十一日，住两晚，您将在四月二十三日离店，对吗？

客人：是的。

预订员：请问您是自己订房还是代人预订？

客人：我是自己订房。

预订员：请问只有您一人住吗？

客人：不，还有我太太。

预订员：先生，请问您怎么称呼？

客人：我姓王，叫王君，君子的君。

预订员：王先生，请问您是乘飞机来还是坐火车来？我们酒店有穿梭巴士往来于机场、车站和酒店之间。专车接送。

客人：好啊，我和我太太将乘坐从上海飞往大连的 CA8912 次航班。

预订员：王先生，请问您是用现金结账还是用信用卡结账？

客人：我用现金结账。

预订员：王先生，请问您是否需要担保您的客房预订？您知道，现在是旅游旺季，对于普通订房我们只负责保留到抵店当天晚上的 18 点，您可以先用信用卡担保，再用现金结账就可以了。

客人：不，不用了，我和我太太下午 4 点钟就能到。

预订员：王先生，请问您的电话，以便我们随时与您联络。

客人：我的电话是 88854321，区号是 021。

预订员：谢谢您，王先生。请允许我核对您的订房细节。您预订的是一间标准大床间，房价是每晚人民币 680 元，您和太太将乘坐 CA8912 次航班，住两晚，4 月 23 日离店，需要接站。您的结账方式是现金结账。您的电话是 88854321，区号是 021。请问对吗？

客人：是的。

预订员：谢谢您，王先生，抵店之前如有变更请随时联系我们，我们将期待您的光临。

客人：谢谢您。再见！

预订员：再见！

三、确认预订

确认预订不但使酒店进一步明确客人的预订要求，而且在酒店与客人之间就房价、付款方式、取消条款等声明达成了正式的协议，尤其是书面确认（图 2-1）。

Reservation form（预订单）

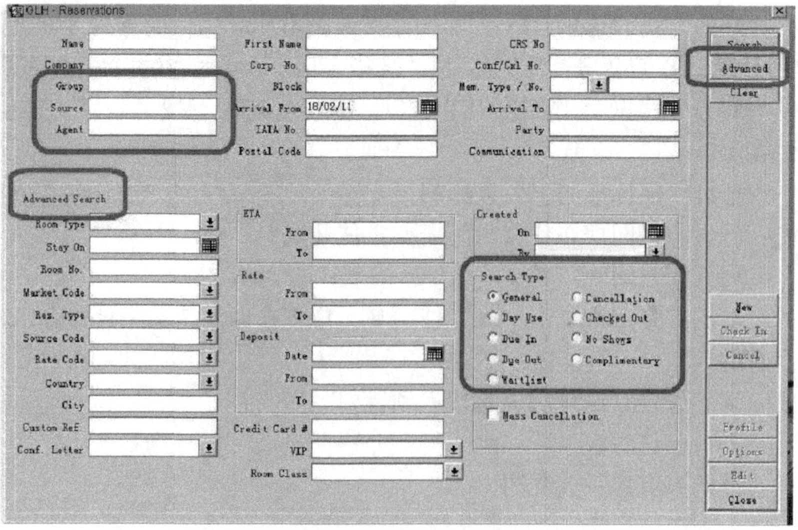

图 2-1 确认预订单

四、拒绝预订

（一）查看报表

（1）查看可行性表，确认预订日期订房情况。

（2）确定酒店确实无法接受客人预订。

（二）提出建议

建议客人更改预订要求，或向客人提出建议，或提供其他酒店的相关信息。

（三）寄致歉信

如果客人是书面订房而酒店无法满足客人的订房需求时，应立即礼貌复函，按规范拟写一封致歉信并寄出。部分酒店使用规范的婉拒信函寄发给客人，以达到同样的效果。

（四）整理资料

（1）将客人列入“等待名单”。

（2）将资料存档备案。

如果客人不接受建议，还可征得客人的同意，让客人留下姓名、电话，并且登记在“候补客人名单”（on-waiting list）上。当有了空房时马上跟客人取得联系；如果最后还是无法满足客人的要求，预订员也应该用友好、遗憾和理解的态度对待客人，并表示今后愿意随时为其提供服务。

五、变更预订

（1）已经做好预订，但接到通知要求更改一些资料，一般如：飞机或火车班次时间、到达或离开日期、客名和房间数量的资料，此时经办人应取出一张新的订房表，然后在“更改”一栏的小方格上打勾，再在旁边横线上写上是何种更改，如：更改□飞机班次。

（2）列出来客之原本之姓名、到达日期、班次资料，再填上更改后的资料。

（3）将此有关更改预订的订房表，交与订房部主任，做好应有的更改。

六、取消预订

客人已经跟酒店做好预订，但需要取消时，酒店的经办人应取出一张新的订房表，在取消一栏的小方格上打√，以表示有关取消的预定。

（1）在此表上列出预定来客的姓名。

（2）填上预订来客的到达及离开日期。

（3）填上预订的房间数量及房型。

（4）将通知者的姓名写在订房者一栏。

（5）填上有关通知者的公司名称、电话号码及地址，作为记录。

（6）经办人签名后，应向客人道谢，以示日后有机会，希望能为其服务。

（7）取消订房表应交与订房部主任，以便于在订房记录上配合把此预订取消。

七、抵店前准备

在整个预订过程中，客房预订的核对应该是其中最重要的环节，应谨慎处置。通常，要先后三次进行房间预订的核对工作，以便宾客及时入住房间。

（1）宾客进店前20天，负责预订人员需找出当天需核对的预订单，用电话或者其他联系方式与预订宾客取得联系，核对预订要求，包括入住日期、离店日期、订房的人数、时间等。若有变化，必须修改订单并将更新后的内容输入系统，并在订单上标明“第一次核对”或相关注明。

（2）宾客进店前的7天，找出当日核对的订单，查阅有无明确的抵达日期，与订房宾客进行联系后，更新系统内记录，标明“二次核对”。

（3）将VIP宾客预订、重要团队预订、会议预定做电脑封房处理，告知前厅接待处到日期必须留出房间。

（4）在宾客入住前一天，找出订单仔细核对：

①核对所有的订单内容，以免有误。

②找出非保证类订房，与订房人取得联系。

③再次核查VIP预订和重要订单有无差错，请前厅接待处再次封订所有订房，保证所有的预订宾客进店就有房住。

④对签订了合同、协议的团队预订、会议预订应与销售部联系，核对预订内容与协议房价是否吻合。

项目三　超额预订

案例导入

在旅游旺季，各酒店出租率均较高，为了保证经济效益，一般酒店都实行超额预订。一天，大堂副理与前台相互配合，已将大部分客人安排妥当。当时2305客人为预离房，直至18点时才来前台办理延住手续。而此时，2305房间的预订客人已经到达（大堂副理已在下午多次打电话联系2305房间预离客人，但未找到）。大堂副理试图向刚刚到达的客人解释酒店超额预订，并保证将他安排在其他酒店，一旦有房间，再将其接回，但客人态度坚决，称这是你们酒店的问题，与我无关，我哪儿也不去。鉴于客人态度十分坚决，而且多次表示哪怕房间小一点也没关系，但就是不想到其他酒店，在值班经理的允许下，大堂副理只能将客人安置到了值班经理用房，客人对此表示满意。

案例解析

每一位入住酒店的客人，在入住前都希望自己的行程安排得很完美，到达酒店后，可以立即入住舒适宽敞的房间，好好享受自己的休闲时光，因此，如果只是一味地解释说客人的房间是超额预订房间，已经无法为其安排房间了，客人会产生极其强烈的不满情绪，会觉得酒店是在敷衍自己。因此，应该态度积极地为客人解决此类问题：首先了解客人的需求，也许有些客人能够接受换一家酒店，也许有些客人无法理解，依然坚持要继续住在自己预订的酒店，那么前厅的负责人应该尽力为客人想办法解决房间，利用自己的职能，妥善地处理。

任务一　超额预订数的确认

一、超额预订

超额预订是指酒店在一定时期内，有意识地使其所接受的客房预订数超过其客房接待能力的一种预订现象，其目的是充分利用酒店客房，提高开房率。

超额预订应该有个“度”，以免出现因“过度超额”而不能使客人入住，或“超额不足”而使部分客房闲置。通常，酒店接受超额预订的比例应控制在10%~20%之间，具体而言，各酒店应根据各自的实际情况，合理掌握超额预订的“度”。

二、超额预订的确认

超额预订数要受预订取消率、预订而未到客人之比率、提前退房率以及延期住店率等因素的影响。

$$\text{超额预订房数}=\text{预计临时取消预订房间数}+\text{预计预订而未到客人房数}+\text{预计提前退房数}-\text{延期住店房数}$$

$$=\text{酒店应该接受当日预订房数}\times\text{预订取消率}+\text{酒店应该接受当日预订房数}\times\text{预订而未到率}+\text{延期住店房数}\times\text{提前退房率}-\text{预期离店房数}\times\text{延期住店率}$$

公式中，酒店应该接受当日预定房数=酒店客房总数−续住房数+超额预订房数。

假设，X=超额预订房数；A=酒店客房部数；C=续住房数；r_1=预订取消率；r_2=预订而未到率；D=预期离店房数；f_1=提前退房率；f_2=延期住店率，则：

$$X=(A-C+X)\cdot r_1+(A-C+X)\cdot r_2+C\cdot f_1-D\cdot f_2$$

得

$$X=\frac{Cf_1-Df_2+(A-C)(r_1+r_2)}{1-(r_1+r_2)}$$

设超额预订率为 R，则

$$R=\frac{X}{A-C}\times 100\%$$
$$=\frac{C\cdot f_1-D\cdot f_2+(A-C)(r_1+r_2)}{(A-C)[1-(r_1+r_2)]}\times 100\%$$

任务二　超额预订的处理办法

一、超额预订的成因

案例导入：超额预订

（一）人为的错误

（1）预测错误：订房部对未来的入住率计算错误。

（2）登记错误：客人的离店时间登记错了，如某客是应该明天才迁出的，接待处却登记成今天，在订房紧张时，这一间客房的错误，也可能导致客房不够的情形。

（二）坏房影响

在旅游旺季时，当每一个客房都订满了的时候，若某客房的设备出了问题，被迫空置，不能租出，减少了房间供应量。

（三）其他原因

有些情况是在酒店不能控制下发生的：

（1）如某团体应该在今天全部迁出，但因天气恶劣，航空公司取消飞机班次，酒店被迫把团体留在酒店内。

（2）如客人遇到意外，身体受伤，不能如期迁出，也会影响酒店的入住情况。

二、超额预订处理办法

如果因超额预订而不能使客人入住，按照国际惯例，酒店方面应该做到：

（1）诚恳地向客人道歉，请求客人谅解。

（2）立即与另一家相同等级的酒店联系，请求援助。同时，派车将客人免费送往这家酒店。

(3) 如属连住，则店内一有空房，在客人愿意的情况下，再把客人接回来，并对其表示欢迎（可由大堂副理出面迎接，或在客房内摆放花束等）。

(4) 对提供了援助的酒店表示感谢。

如客人属于保证类预订，则除了采取以上措施以外，还应视具体情况，为客人提供以下帮助；

• 支付其在其他酒店住宿期间的第一夜房费，或客人搬回酒店后可享受一天免费房的待遇。

• 免费为客人提供一次长途电话费或传真费，以便客人能够将临时改变地址的情况通知有关方面。

• 次日排房时，首先考虑此类客人的用房安排。大堂副理应在大堂迎候客人，并陪同客人办理入住手续。

知识链接

网络预订未来发展趋势

一、酒店网络营销的必要性

随着21世纪互联网科技和电子商务的迅猛发展，现代人的工作、生活已离不开网络。随处可见的“网上交易”“网上购物”已颠覆了人们的传统思维和经营模式。借助网络不仅可以提高人们的工作效率，同时提高了人们的生活质量。酒店开展网络营销，就是对未来客源市场的战略考虑，是酒店进行市场竞争、实现酒店可持续性发展和建立酒店品牌意识的需要。通过网络，客户可以查询到任何目的地酒店的经营信息和客房价格，酒店经营设施、客房价格都是透明的。这使酒店建立诚信经营机制和更高的沟通平台，扩大知名度、开辟新的市场，促进营销。中国酒店业与全球酒店业相比，主要差距之一是网络化，中国有30%的单体酒店连网站和网页也没有，而没有加入预定网络的单体酒店占全国酒店总数的97%。以希尔顿酒店集团为例，它的网络服务点已经延伸到机场和火车站。中国著名的网上酒店中介年订房量已达200万至300万间，但毕竟它们是游离于酒店业之外的，所以单体酒店的网络化市场已成为各方关注的焦点。

二、目前酒店进行网络营销的几种途径及优劣性对比

1. GDS预定（全球分销系统）

通过加入GDS全球分销系统进行网络营销，虽有客源保证但需支付高昂的系统架设费用，同时GDS收取的预订代理费也比其他渠道的代理费高。这也成为国内众多酒店望而却步的原因。以“Hotel bank”为例，虽然能带来全球性的客源，但同时需要支付的全年维护费和年费也成为酒店的一种负担。

2. 网上酒店中介——网络订房系统（携程、E龙等）

网络订房系统作为酒店一个预订平台，近年来的发展十分迅猛。

情景实训

实训　模拟制定有关预订的政策

实训要求：以小组为单位，制定一套有关预订的政策。

课堂讨论

1. 预订可能产生的情况具体有哪些？
2. 出现超额预订客人抵店，如何快速解决？
3. 了解预订单的填写方式，简要说出预订的操作方式是什么。

练习题

一、判断题（认为对的请答“T”，错的请答“F”）

1. 订房核对工作一般分二次进行。（　）

2. 预订处应提前将当天预订客人的名单交至接待处予以提前排房与预先登记工作。（　）

3. 对一些大型团体、国际性会议的预订一般要提前预留客房。（　）

4. 回复客人的信函预订时应避免给客人留下公函式信件的印象。（　）

5. 对保证类预订的客人，在规定期限内抵达而酒店无法提供房间，酒店不用负全责。（　）

6. 酒店散客预订是指个人、家庭及15人以上的小型组织的订房。（　）

7. 无论何种情况，预订记录都应根据客人最新的预订要求而产生，以便入住手续的有效进行。（　）

8. 提供客房预订既能满足客人订房要求，同时也能保证酒店达到理想的客房出租率。（　）

9. 所有预订客人都会按期如约抵达酒店。（　）

10. 接受预订时，如遇客满，婉拒客人预订，推荐附近的同档次酒店，并征求客人意见需否为其代订其他酒店客房。（　）

二、单项选择题

1. 在客房预订中，最为有效的应是（　）。

A. 保证类预订　B. 确认类预订　C. 临时性预订　D. 等待类预订

2. 预订客人的特殊要求通常指（　）。

A. 接机服务　B. 房间布置　C. 无烟楼层　D. 以上各项

3. 按照国际惯例，酒店对客人预订的客房保留至其抵达当天的（　）时。

A. 19:00　B. 18:00　C. 20:00　D. 12:00

4. 一般不作为预订客房的担保方法有（　）。
A. 信用卡　B. 实物担保　C. 预付订金　D. 订立商业合同
5. 一般情况下，酒店为保证类客人保留客房至预订抵达的（　）为止。
A. 次日中午 12 时　B. 次日上午 8 时　C. 当晚 12 时　D. 次日下午 2 时
6. 对于信函预订，要求在（　）小时内予以书面回复。
A. 12　B. 24　C. 36　D. 48
7. 保证类预订客人提供预付订金担保时，需交付每日全价房费的（　）为订金。
A. 30%　B. 50%　C. 100%　D. 150%
8. 酒店对确认类预订的客人一般保留客房至（　）。
A. 饭店指定的时间　B. 客人指定的时间
C. 双方事前约定的时间　D. 国际惯例的留房截止时间
9. 保证类预订的担保形式不包括（　）。
A. 口头保证　B. 信用卡　C. 预付定金　D. 合同
10. 大型会议的客房预订一般会采用（　）。
A. 电话预订　B. 邮件预订　C. 面谈预订　D. 信函预订

英文词汇与术语

1. 单人床 single bed
2. 双人床 double bed
3. 大号的双人床 queen-size bed
4. 特大双大床 king-size bed
5. 婴儿床 baby cot
6. 折叠床 rollaway bed
7. 沙发床 sofa bed
8. 隐蔽床 murphy bed
9. 单双两便床 holly wood twin bed
10. 水床 water bed

模块三　前厅部销售服务

学习目标

知识目标

- 熟悉酒店销售产品的内容；
- 了解酒店个性化服务的内容；
- 熟悉客房价格制定的影响因素；
- 熟悉和掌握客房销售的技巧；
- 掌握常用的客房定价方法。

技能目标

- 能够独立地完成酒店内部和外部的协调沟通，完成客房的销售程序；
- 能够针对不同客人进行个性化服务；
- 能够根据酒店的实际情况进行房价的分析。

实训目标

- 熟练掌握酒店前厅的操作程序，完成客房的销售；
- 熟练掌握客人的心理，训练销售技巧。

项目一　前厅部销售产品

案例导入

一位常住的外国客人从酒店外面回来，当他走到服务台时，还没有等他开口，问讯员就主动走过来微笑地把钥匙递上，并轻声称呼他的名字。这位客人大为吃惊，使他产生一种强烈的亲切感，旧地重游如回家一般。

还有一位客人在服务台高峰时进店，服务员问讯员突然准确地叫出："××先生，服务台有您一个电话。"这位客人又惊又喜，感到受到了重视，受到了特殊的待遇，不禁添了一份自豪感。

另外一位外国客人第一次前往住店，前台接待员从登记卡上看到客人的名字，迅速称呼他以表欢迎，客人先是一惊，而后作客他乡的陌生感顿时消失，显出非常高兴的样子。简单的词汇迅速缩短了彼此间的距离。

一位 VIP（非常重要的客人——贵宾）随陪同人员来到前台登记，服务人员通过接机人员的暗示，得悉其身份，马上称呼客人的名字，并递上打印好的登记卡请他签字，使客人感到自己的地位不同，因为受到超凡的尊重而感到格外的开心。

案例解析

学者马斯洛的需要层次理论认为，人们最高的需求是得到社会的尊重。自己的名字为他人所知晓就是对这种需求的一种很好的满足。

在酒店及其他服务性行业的工作中，主动热情地称呼客人的名字是一种服务的艺术，也是一种艺术的服务。酒店服务台人员尽力记住客人的房号、姓名和特征，借助敏锐的观察力和良好的记忆力，提供细心周到的服务，给客人留下深刻的印象，使客人今后在不同的场合提起该酒店都会赞不绝口，等于是酒店的义务宣传员。

任务一　酒店产品

酒店产品是指消费者在酒店下榻期间所获得的各种满足与不满足的总和。

一、酒店产品的构成

酒店产品的构成包括：

（1）酒店的地理位置；

（2）酒店的设施；

（3）酒店的服务；

（4）酒店的气氛；

（5）酒店的形象；

（6）酒店的价格。

二、酒店整体产品观念

酒店整体产品观念是指一项完整的酒店产品应由基本产品（核心产品）、期望产品、延伸产品和潜在产品 4 个层面构成。

（一）核心产品

基本效用与利益，指提供给宾客的产品的使用价值，以满足宾客的需求。具体产品因酒店的差异而有所不同。例如，商务客人比较注重酒店产品的私密性；会议客人注意酒店会议设施是否齐全；休闲客人需要娱乐设施；家庭型客人寻求设备设施的安全；现代年轻客人追求的是个性化的服务、与众不同的体验。

（二）扩大产品

扩大产品指的是酒店扩大了所提供的核心产品。内容包含酒店的装饰装修，员工的服务态度，酒店周边的环境，酒店的声誉，酒店的服务项目及服务的标准等。

（三）期望产品

期望产品指的是客人在抵达酒店之前，预期得到的一系列属性与条件。在宾客抵达酒店之前，对于酒店能给予自己的服务及可以享受的待遇，已经在心理上存在一定的期望，酒店的产品应满足客人的期望。

（四）延伸产品

延伸产品指宾客购买酒店产品时得到的其他利益总和，是由酒店附加到产品上的，以增加其竞争力。例如，酒店提供的代售景区门票，机场接驳车，为客人预订知名餐厅座位的服务等。

酒店产品的竞争始于基本产品，更确切地说，始于核心产品的质量。满足或超额满足客人的期望，是酒店经营成功之道。在激烈竞争的市场经济条件下，竞争即是延伸，即是力求产品差异化。一家成功的酒店常以提供潜在产品为其特征。

三、酒店产品组合

（一）酒店产品组合的概念

酒店产品组合是酒店提供给市场的全部产品线和产品项目的组合和搭配，即经营范围和结构。酒店产品组合是由酒店产品的广度、长度、深度和关联度所决定的。

（二）酒店产品组合策略

1. 增加产品组合的广度

对大型酒店及酒店集团较为合适。

2. 扩大产品组合的长度

使产品线更丰富。

3. 增加产品组合的深度

增加产品的品种，满足不同层次需求的客人。例如，酒店餐厅有高、中、低不同档次。

4. 广度和深度的组合策略

包括扩展策略、简化策略、改进策略、高档策略、低档策略。

（三）酒店产品组合应注意的问题

（1）销售目的；

（2）销售对象；

（3）产品的组合形式；

（4）组合产品的价格；

（5）组合产品推出的时机；

（6）组合产品的营销策略。

任务二　个性化服务

个性化服务是针对独特个体的具有鲜明的灵活性、针对性、突发性、差异性的服务；也是满足不同客人合理的个别需求，提供即时、灵活、体贴入微的服务，一般不再额外收取费用。

配件设施要有特色。为了满足因家庭聚会、生日聚会、商务宴请、朋友聚餐、情人聚餐等多种情况到酒店用餐的客人需求，餐厅要主动根据这些客人的构成和特点准备各具特色的包房（private dining room）、观景座位（view seat/window seats）、包厢座位（booth seats）、聚会台位（party tables）等。

仅有为成年客人准备的个性化餐位还不够，还应主动为儿童客人准备好儿童椅（baby chair）、高椅（high chair）、垫高座（booster），以及供儿童饮牛奶、果汁用的一次性塑料杯、一次性用餐围兜等。有了这些个性化的服务设施，就能够给客人留下深刻印象。

美国巴尔的摩市五星级的万丽湾景酒店（Renaissance Harbor Place Hotel）的窗景餐厅，菜单有早、中、晚之分，这可能与大多数酒店的餐厅没有什么差别。但只要留心观察，就能发现这个餐厅十分注重菜单设计的个性化。它的午餐菜单内页每天都要更换，尽管所换内容只是一小部分，如日期、星期、当日例汤（daily soup/soup of the day）、当日特菜（chef's special/daily special），但有了这些最新内容再加上当天（比如某个节日）相配套的问候语印在菜单第一页的顶部，使客人一打开菜单就有一种亲切感。

个性化服务要求服务系统信息化。国外高星级酒店尤其是连锁酒店，预订系统都是联网的，顾客随时可以在网上查阅有关酒店的详尽资料。笔者走访了深圳和宁波几家星级酒店，发现一些酒店前台计算机的操作系统普遍落后，无法建立详细的客史档案。不了解客户是生客还是熟客，有什么特殊的癖好和要求，个性化服务又从何做起呢？

个性化服务要求在管理上有相应的激励机制去充分激发员工的主观能动性，关心支持他们，充分信任，充分授权，让员工在分享更多决策权的同时又承担更大的责任，成为责权统一的主体。

项目二　前厅部销售价格确定

案例导入

晚上六时许，上海某酒店的大堂内灯光辉煌，宾客如云。总服务台的接待员小马正忙着为团队客人办理入住手续。这时两位香港客人走到柜台前向小马说："我们要一间双人客房。"小马说："请您稍等一下，我马上为这个团队办好手续，就替你们找空房。"其中一位姓张的香港客人说："今晚七点半我们约好朋友在外面吃饭，希望你先替我们办一下。"

小马为了尽可能地照顾这两位客人，于是一边继续为团队办手续，一边用计算机查找空房。经过核查，所余空房的房费都是每间 1018 元的。他如实告诉客人。此时那位姓张的先生突然大发脾气："今天早上我曾打电话给你们酒店，问询房价，你们回答说双人标准间是每间 886 元，为什么忽然变成 1018 元了呢？真是漫天要价……"

小马趔趄了一下，面孔变得煞白，真想回敬对方一下。但他马上想到自己的身份，决不能和客人一般见识，决不能意气用事，于是尽量克制，使自己镇定下来，接着用正常的语气向客人解释说："886 元的房间已经住满了，1018 元的还有几间空着，由于楼层不同，房价也就不一样，我建议你们住下，尽快把入住手续办好，也好及时外出赴宴。"这时另一位香港客人李先生见他的朋友张先生理亏，想找个台阶下，于是就劝张先生说："这位接待员还算有耐心，既然如此劝说，我们就答应住下吧。"张先生见势也就软了下来。

小马立刻招手要行李员把客人的行李送到房间。然而从小马紧握着的那只微微颤抖的手上，可以看出他正在极力压抑着内心的委屈。周围的其他客人都纷纷对那位先生的粗鲁行为表示不满，那位张先生一声不响地和李先生办好手续便匆匆去客房了。

那位张先生事后深感自己的不是，终于在离店时到总台向小马表示歉意，对自己的冒失行为深感遗憾。

案例解析

客人张先生的所作所为肯定是不对的，而小马的表现是无可非议的。小马不用恶语回敬，因为他懂得作为酒店从业人员就是得理也应该让人，而且小马对业务很熟练，熟悉酒店各类型客房的房价及为何每间客房价格有所不同，能有理有据地说服客人，这样才会留住两位客人，并让他们最后拥有一次愉快的住店经历。当然小马在客人突然袭击之际，自然感到委屈，这就需要克制，不与客人一般见识。小马的宽容举止很典型地体现了"客人总是对的"这句话的真谛。如果酒店员工都能从这个高度来要求自己，酒店的服务质量就可以产生质的飞跃。

任务一 客房价格的构成

一、客房价格的特点

客房价格具有以下特点：
(1) 时间与空间上的补偿性；
(2) 客房商品不可储存性；
(3) 使用价值的共享性；
(4) 客房价格的易受影响性；
(5) 高比例的固定成本。

二、客房价格的构成

客房价格构成如图 3-1 所示。

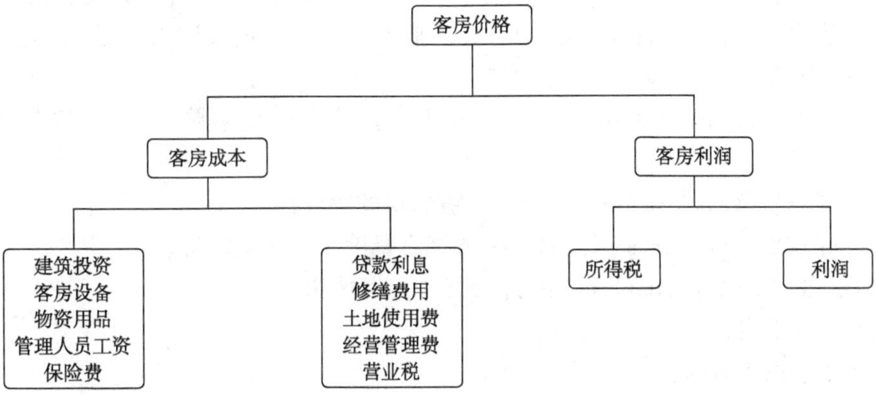

图 3-1 客房价格构成

三、收费方式

(1) 欧洲式（European Plan，简称“EP”）：只包含房费，而不包括任何餐费的收费方式，为国际上大多数酒店所采用。

(2) 美国式（American Plan，简称“AP”）：不仅包含房费，而且还包括一日三餐的费用，故又被称为“全费用计划方式”。多为远离城市的度假型酒店或团队客人所采用。

(3) 修正美式（Modified American Plan，简称“MAP”）：包含房费和早餐费用，此外，还包括一顿午餐或晚餐（两者只任选一个）的费用，多为普通旅游客人所采用。

(4) 欧洲大陆式（Continental Plan，简称“CP”）：包含房费及欧陆式早餐，其早餐主要包括冷藏果汁、烤面包、咖啡或茶。

(5) 百慕大式（Bermuda Plan，简称“BP”）：包含房费及美式早餐。美式早餐除包括欧陆早餐的内容外，通常还包括鸡蛋、火腿、香肠、咸肉等肉类食品。

任务二　客房价格的表现方式

酒店房价由酒店决策者合理制定，其市场交易价格一般有以下几种类型：

(1) 门市价 (rack rate)。门市价，又称牌价、标准价、公布价。

按照国际通行的计价方式（欧洲式、美国式、修正美式、欧洲大陆式、百慕大式），在价目表上明码公布各类现行价格。一般以欧洲式计价为多。21世纪以来，在欧洲式基础上加自助早餐的较多。

(2) 商务合同价 (commercial rate)。酒店与有关机构签订售房合同，优惠幅度视情况而定。

(3) 团队价 (group rate)。酒店给旅行社等提供的一种折扣房价，优惠幅度也视情况而定，有的高出门市价的40%以上。

(4) 小包价 (package rate)。即一揽子报价，一般包括房费、餐费、交通费、游览费等项目，以方便客人。

(5) 折扣价 (discount rate)。酒店向常客、长住客或其他特殊客人提供的优惠价。

(6) 家庭租用价 (family plan rate)。酒店对携带小孩的父母提供的折扣价格，如提供免费小床等。

(7) 免费 (complimentary rate)。一般用以接待友好往来单位，免费范围视情况而定。

(8) 淡季价 (slack season rate)。一般优惠的幅度大。

(9) 旺季价 (busy season rate)。一般优惠幅度小，甚至加价。

(10) 白天租用价 (day use rate)。又分为三种情况。

- 凌晨抵店；
- 超过离店时间；
- 钟点房。

(11) 加床价 (extra bed rate)。酒店一般会视情况而定。

任务三　客房价格制定的影响因素

制定房价是酒店自主的经营活动，可以自由地选择定价目标。但由于内外环境和条件的制约，使酒店定价自由度受到一定的限制。酒店定价必须充分考虑内部因素和外部因素。

一、内部因素

(一) 定价目标

1. 维持生存

如果企业产量过剩，或面临激烈的竞争，或试图改变消费者需求，则需要把维持生存作为主要目标。

2. 追求利润最大化

利润最大化应该是客房商品最基本的目标。同时利润最大化又分为短期利润最大化和长期利润最大化两种，每一个酒店管理者都应该将长期利润最大化作为追求目标。

3. 市场占有率最大化

酒店尽可能制定低的价格来追求市场占有率的领先地位。

4. 产品质量最优化

当市场上存在数量较多的关心产品质量胜于关心价格的顾客时，酒店就可以考虑产品质量领先这样的定价目标。

5. 维护企业形象

酒店在定价时，首先考虑价格水平是否为目标消费群所认可，是否有利于维护酒店或以物美价廉或以优质高档而立足市场的酒店形象。

6. 应付竞争和防止竞争

这是竞争性较强的酒店所采用的定价策略。在定价之前，对同类产品的质量和价格资料等进行分析比较，从有利于竞争的目标出发制定价格，以低于、等于或高于竞争者的价格出售产品。

7. 实现预期投资收益率

投资收益率是酒店投资者所关心的一项最重要目标。

（二）成本水平

酒店成本包括：

（1）折旧、水电、空调、低值易耗品等（物化劳动的转移价值）；

（2）员工工资、福利（劳动支出中的必要劳动价值）；

（3）非营业部门费用分摊（物化劳动的转移价值）。

（三）酒店服务质量

酒店要考虑硬件设施设备的豪华程度，更要考虑其服务质量是否达标。

二、外部因素

（一）社会政治、经济形势影响

旅游经济具有脆弱性，其产品具有不稳定性、波动性。一个稳定、繁荣的社会政治及经济环境对以旅游经济为其重要收入来源的酒店来讲是至关重要的。

（二）季节性影响

季节性强是旅游业的一大特点。季节直接影响酒店经营的好坏。

（三）地理位置

地理位置对于酒店经营的确非常重要。位于市中心区、繁华商业区，以及距离机场、火车站比较近的交通便利的酒店，其房价的制定或调整的余地就会大一些。而位于市郊、远离繁华商业区、交通条件等地理位置较差的酒店，虽然地价便宜，经营成本低，但由于其对客人的吸引力差，因此房价会相应低一些，以提高酒店的竞争能力。

（四）竞争对手价格的影响

竞争对手的价格是酒店制定房价时的重要参考依据。因为在定价过程中，定价者首先要调查本地区同等级、同档次、具有同等竞争力的酒店的房价，做到“知己知彼”。

（五）供求关系

产品的最高价格取决于产品的市场需求，最低价格取决于产品的成本。需求受价格和收入变动的影响。当供过于求时，酒店业不得不考虑降低价格；当供不应求时，酒店业要考虑适当提高价格。客房商品的价格随供求关系的变化而调整。

（六）客人消费心理认同

客人的消费心理也是进行客房价格定价时应重点考虑的因素，尤其是客人对某一种商品价格能够接受的上限和下限。

（七）相关部门和组织的价格政策

还要考虑政府主管部门及行业协会等组织和机构对酒店价格的政策制约。

任务四　客房价格制定的方法

一、经验定价法

（一）千分之一法

千分之一法，即取酒店总投资的1/1 000作为客房的总价格。用公式表示为：

平均每间客房组价=(土地使用费+造价+设施设备成本)/客房总数×1 000

千分之一法，可以使酒店的管理者迅速地制定价格。但由于该方法依赖于各项假设，且并未考虑通货膨胀，适用于指导酒店（尤其是新建酒店）的客房定价以及判断酒店现行客房价格的合理程度。

（二）经验数据

（1）1建筑平方米的投资额。1建筑平方米的投资额，五星级酒店平均为10 000元；四星级酒店大约是9 000元；三星级酒店约在8 000元；以此类推。

（2）客房出租率。盈亏平衡出租率：58%~60%；良好出租率：61%~74%；最佳出租率：75%~80%；极限出租率：85%。全年的平均出租率达到85%，就意味着旺季一定会超过100%。

（3）从城市房地产中得出的客房价格。一个城市酒店的房价，相当于本城市同等档次房地产的平均价格的1/10。

二、赫伯特定价法

赫伯特定价法，又称目标利润定价法，即通过能达到一定目标利润的定价，保证预期收回投资。即在客房成本计算的基础上，并在保证实现目标利润的前提下，根据计划的营业量、各项费用支出及所需得到的利润确定客房价格。

其基本步骤如下：

（1）确定目标收益率（或投资报酬率）；

（2）确定目标利润额：客房目标利润额=总投资额×目标收益率。

（3）预测总成本，包括固定成本和变动成本；
（4）确定预期销售量；
（5）确定产品价格。

三、收益管理定价法

收益管理（yield management）或收入管理（revenue management），是指运用信息系统和定价策略，在合适的时间、合适的地点，以合适的价格将产品销售给合适的顾客。它将客房出租率和平均房价两个指标结合起来，追求整体收益的最大化。

收益管理定价法属于差异定价法，依据不同的客人、未来时期客人对酒店的预订情况及酒店的客房存储情况，在不同的季节、不同的时间以及一天中的不同时段，随时调整和改变客房的价格，以实现客房效益最大化。其目标在于通过价格变化平衡供求关系，寻求市场供需水平的匹配，从而保证任何一个时间点上生产资源和能力都能得到最优配置和利用。

四、需求导向定价法（demand-oriented pricing）

影响消费者需求的因素很多，如消费习惯、收入水平和产品的价格弹性等。

（1）习惯定价法（habit pricing method）。

（2）需求差异定价法（demand differential pricing）：

- 对不同的顾客采取不同的价格（different customer）；
- 对不同的式样和外观采取不同的价格（different style）；
- 对不同的地区采取不同的销售价格（different region）；
- 对不同的时间采取不同的销售价格（different time）。

（3）理解定价法（understanding pricing）：

酒店根据消费者对产品价值的感觉而不是根据卖方的成本制定价格的办法。

五、竞争导向定价法（competition-oriented pricing）

竞争导向定价法，是以同类产品的市场供应竞争状态为依据，根据竞争状况确定本酒店产品价格水平的方法。具体方法有以下几种：

（1）随行就市法（going-rate pricing）：将同等档次竞争对手的客房价格作为定价的依据，从而制定出本酒店客房价格的一种定价方法。

（2）竞争价格定价法（competitive price）：一种主动的定价方法，一般为实力雄厚或独具特色的酒店所采用。

（3）客房面积定价法：通过确定客房预算总收入来计算单位面积的客房应取得的收入，进而确定每间客房应取得的收入，以此来进行定价。

假设计划期内：客房预算总收入为 y；计划期天数为 n，客房总面积为 M；一间客房的面积为 m；计划期客房出租率为 r。则

$$\text{客房价格} = y/(M \cdot n \cdot r) \times m$$

项目三 客房部销售技巧

案例导入

某日，上海某酒店刚到职的营销代表小张接到协议客户埃森哲公司办公室张主任的电话，要求预订6个豪华江景套房，接待美国总部来的领导。公司的负责人相当重视此次高规格的接待，而且要提前到酒店参观预订的房间并且拿到房卡。

小张接到电话后立即查了预订系统，但是豪华江景套房已经全部订完了，而且前台接待还超额接受了预订。于是，小张回复客人没有豪华江景套房，只有行政套房了，客人说行政套房太贵了，公司有接待标准的，不好报账，能不能想想办法。

可小张不经半点思考，直接回复说没有办法，要订就只有行政套房了，导致张主任心里很不舒服，打电话给酒店销售总监说以后再也不会来酒店消费了。

案例解析

1. 本例中营销代表的综合业务素质有待加强，与客户的沟通交流技巧以及对待客户的态度都须改善，要有亲和力，要学会换位思考。作为一个合格的销售代表，在接到客人的请求时应该先不要拒绝客人，要答应客人尽量想办法，过几分钟后再给客人回复，告诉客人自己尽了最大努力还是没有调出房间来，并向客人表示歉意，客人会觉得你尽管没有把事情办成，但还是非常重视他的，他得到了应有的尊重和礼遇。

2. 营销代表应当掌握一定的营销技巧，即使是客人所需的房型没有了，也要尽可能地了解清楚客人的身份以及接待规格，有效地推荐其他房型，而且推销的时候要多与客人沟通，介绍所推荐房型的优点及价值，引导客人进行消费。

3. 营销代表应考虑到，客人要订房，肯定有用餐的需求，此案例中，小张并没有问是否需要预订包房用餐，反映了小张的销售意识欠缺。

4. 如果客人确实觉得行政套房太贵，且其又是酒店的协议客户、忠实客户和大客户，而且客户的用餐也放在酒店，可请示上级领导做适当的升级入住，留住客户，维护好客户关系。

5. “培训过的员工是资产，没有培训过的员工是负债。”营销代表小张是一个刚入职的“新兵”，以前肯定没有酒店销售的工作经验，来到酒店后没有经过严格、系统、规范的培训，销售部直接把客户划到他的名下，这种做法显然欠妥。

任务一 前厅销售的工作要求

一、客房销售的一般工作要求

（一）销售准备

（1）端正仪表；

（2）整理好工作台；
（3）熟悉酒店客房类型；
（4）了解酒店餐厅、酒吧等营业场所的情况。
（二）服务态度
（1）真诚接待、礼貌问候；
（2）行为举止恰到好处；
（3）回答问题简洁明了，实事求是；
（4）不贬低客人，耐心地向客人解释问题。
（三）销售工作
（1）善用描述性语言向客人介绍几种客房的优势，供客人选择，但不要对几种客房做令人不快的选择；
（2）善于揣摩客人心理；
（3）有目的地销售适合客人需要的房间；
（4）不要放弃对潜在客人推销客房。

二、客房销售的具体要求

（1）熟悉、掌握本酒店的基本情况及特点。
（2）了解和掌握竞争对手的情况。
（3）熟悉本地区的旅游项目与服务设施。
（4）注意分析客人的心理需求。
（5）表现出良好的职业素质。

任务二　前厅销售技巧

一、把握客人的特点

要把握客人特点，必须了解客人的年龄、职业、国籍、身份等，然后针对客人特点，灵活运用销售策略与技巧。

不同类型的客人有不同的特点，对酒店服务的要求也不同。详见表 3-1。

表 3-1　依据客人类型推荐不同特点的房间

客人类型	推荐房间特点
家庭型	对带小孩的父母推荐连通房或相邻房
情侣型	大床房，房间温馨、安静
团队型	可推荐套房，方便团体客人打牌、聊天等
商务型	电脑房，房间明亮、安静，有独立的会客区域
旅游型	可观风景、有休闲设施的房间

二、突出客房商品的价值

向客人强调客房的价值，让客人感觉价有所值。强调的价值可以是：地理位置、舒适程度、室内装修、提供的个性化服务等。不能不切实际地夸大介绍或错误介绍。例如，这个房间在最尽头，经过的客人少，非常安静，您可以好好休息，不受打扰；这里可以提供无线上网，房间还配有写字桌，通风和采光都良好，特别适合您；这房间价格听起来高了点，但配有冲浪浴设备，您不想体验一下吗？

三、针对性地向客人提供价格选择的范围，给客人比较的机会

客人没有具体说明需要哪种类型房间时，销售人员可根据客人特点，针对性地推荐几种不同房间，一般以 2~3 种为宜，通常从高价向低价推荐。例如，靠近湖边，新装修的客房是1 500元；进出方便，别墅式的客房是 900 元；环境安静，景色优美，在四楼的客房是 800 元。

四、采取适当的报价方式

（一）冲击式

先报价格，再介绍房间所提供的设施与服务项目。这种报价的方式比较适合价格低的房间，主要针对消费水平低的顾客。

（二）鱼尾式

先介绍房间所提供的设施与服务项目，以及房间的特色，最后报出价格，突出“物美”，减弱价格对客人的影响。这种报价方式适用于中档客房。

（三）三明治式

三明治式报价，也称夹心式报价，在介绍房间提供的服务项目中进行报价，能起到减弱价格分量的作用，适用于中、高档客房，主要针对消费水平高、有一定地位和声望的顾客。

详见表 3-2。

表 3-2　客房报价方式

报价方式	举　　例	适用房间
冲击式	这间房价 460 元，是我们今天推出的特价房，内部设施与普通标间是一样的	低价客房
鱼尾式	六楼有一间房，面朝大海，风景宜人，它的价格是 500 元	中档客房
三明治式	恰好有一间您需要的大床房，房内可看到美丽的山景，行李员会帮您把一切安顿好，房间的价格只有 800 元，而且房内还配有电脑，网速非常快	中、高档房

五、注意推销饭店其他产品

在销售客房的同时，要学会抓住时机，适时推销饭店其他产品服务。对深夜抵店的客人，可向其介绍酒店的24小时服务餐厅。对商务客人，可向其介绍酒店的洗衣烫衣服务。对旅行客人，可适当介绍酒店的娱乐项目。

六、特殊情况下的销售技巧

（一）对“优柔寡断”的客人

在给客人介绍过客房后，面对仍然犹豫不决的客人时可采取以下方法：运用提问的方式了解客人的特点及爱好；有针对性地向客人介绍合适的客房；运用语言和行动促使客人下决心。如向客人建议：“要不您先住下，如果不满意，我们明天再给您调换房间。”如果客人是因房间价格高而犹豫，可以将价格转化为能给客人带来的益处和满足，对客人进行启迪和引导，促进其购买行为。例如，一位接待员遇到一位因价高而犹豫不决的客人时，是这样讲的：“此房间床垫、枕头具有保健功能，在让您充分休息的同时，还能起到预防疾病的作用。”对于担心房间设备与自己期望值有差异的客人，可直接引导客人先参观房间。

（二）对“价格敏感”客人

采用价格分解法，如：这个房间的价格是580元，其中80元是双人早餐费用，实际房价500元中还包括免费洗衣或免费健身服务。在酒店政策允许的基础上，给予客人相应的折扣，留住顾客，如：我酒店有一间角边房，如果您不介意，我可以给您申请七折。在一定程度上做出退让，如：这个房间价格是680元，其中80元是早餐费，如果您不需要我们为您提供早餐，那我们可以按照600元的房价来收取。采取价格渗透的方式，先给客人推荐价格适中的房间，客人接受后再适当向其提出额外服务，如：如果再加10元，可以给您安排大号床；再加20元可以提供免费上网及国际国内长途通话；再加30元可以享受双人早餐。

（三）工作繁忙时的销售

做好接待高峰前的接待准备，了解会议及团队到店时间，做好准备工作，缩短客人办理入住手续的等待时间。确保手头有足够的登记所需的文具用品，保证工作有序完成。入住高峰，可选派专人指引，帮助客人办理入住登记。按“先到先服务”原则，认真接待每一位客人。

知识链接

首席信息官峰会：兔展新营销突破企业营销增长瓶颈

2019年5月16日，由Dot Connector（上海华昂商务咨询有限公司）主办的CDIE（China Digital Innovation Expo & CIO Summit）中国数字化创新展暨首席信息官峰会在上海商城&波特曼丽兹卡尔顿酒店盛大开幕。峰会持续2天，以“数字驱动增长，技术引领创新”为主题，80多位全球演讲嘉宾，500多家知名企业，1200多位企业决策人，10万多人齐聚峰会，同享中国最具影响力的企业数字化创新盛宴。

兔展作为中国领先的技术营销平台，业务能力得到许多头部企业的高度认可。会上，兔展创始人、董事长、CEO董少灵发表了题为《新营销的逻辑》的主题演讲，与参会嘉宾共同探索新技术和创新如何驱动企业革新并引领业务增长。作为深圳市青年创新领军人才（引进人才），拥有多年的营销理论沉淀和创业实践历程的董少灵在企业营销创新方面有自己深刻而独到的见解。他为现场的观众深度解读了“南巡讲话”20多年来贸易思维旧增长模型的失效和用户运营思维新增长模型的崛起及其缘由，剖析了未来企业数字化营销升级的趋势和方向，以及企业如何借助大数据驱动的营销云赋能进行营销创新升级。

当前，大多数企业都濒临营销瓶颈期。人口红利消失，流量濒临枯竭，流量单价每年上涨60%，获客成本攀升；传统内容营销制作成本高，无创新无互动无反馈，无法激发消费者参与兴趣；传统广告投放转化效果甚微，无法得知消费者喜好与反馈，无法及时与消费者建立高效双向连接；在用户生命全周期内未能与客户建立持续高效互动连接，客户容易流失；千人一面，销售转化效果不佳。互联网下半场拐点悄然而至，企业数字化营销升级迫在眉睫。

企业数字化营销升级需要以新增长模式作为强大引擎。而新增长模型落地需要私域流量、会员制、社交电商、营销数字化作为稳固支撑点。毋庸置疑，企业高度依赖广告、渠道，在每年流量单价上涨60%的情况下，增长难以为继。破局的关键在于构建企业私域流量池，将收集到的流量通过层层筛选沉淀到用户池，持续在用户池中做更深层次的用户运营，与用户建立关系和信任。在此基础上培育用户需求，通过高毛利产品推动复购、交叉销售和更高的转化，直接降低营销成本。

活动营销内容朝着数字化、圈层化、轻制化、新媒体化、智能化的方向发展，营销大作引爆传播的时代基本一去不复返，加上消费者个性化崛起，其对高质量内容的需求远未被满足。大多数企业目前正在采取的会员制是留存用户、满足个性化需求的最佳选择。会员制从潜客开始进行用户生命周期管理，通过会员签到等持续性互动牢牢锁定目标用户，通过会员特权等差异性营销活动不断刺激会员复购和交叉销售，提高销售转化效率，赚用户一辈子的钱。

兔展，全称是深圳兔展智能科技有限公司，成立于2014年6月。同年9月，兔展平台上线，率先定义出“H5”这一全新的内容表现形式。2015年4月，兔展获深创投A轮融资，8月兔展大数据（原斐波那契）上线，12月获朗玛峰A+轮融资。兔展将H5技术、大数据及人工智能集成融入企业营销全过程，为企业提供兔展营销云驱动的营销服务，让企业实现全渠道营销数据化、社交化。

兔展营销云帮助企业轻松、快速、高效完成内容制作，极大降低了企业的内容制作成本。用户可低成本、大量、快速生成H5、短视频、小游戏、小程序等形式多样的数字化营销内容，节省大量的人力、物力、财力。与此同时，兔展提供丰富多彩的营销插件，让企业营销实现裂变增长，多种玩法、多种场景满足更多营销场景需求，数据获取更丰富全面。对于利用兔展工具制作的内容，可以进行用户数据管理、分析和应用，根据用户的行为进行分类，完整记录用户信息，沉淀用户资产，建造企业自有流量池，自定义标签归档，精细化刻画用户画像。企业利用兔展针对营销活动进行全渠道赋能，智能化管理渠道，数据化分析活动效果，敏捷化调整渠道营销策略，提升营销效果；全流程数据沉淀，实现营销数字化。

兔展营销云以低成本、高质量、大规模制作的营销内容作为基座，以丰富多彩、新颖好玩的多场景营销插件玩法作为辅助，以激活企业自有渠道作为支撑点，以用户管理作为核心，以业务场景为骨架，搭建一站式企业营销增长平台，突破企业营销增长瓶颈，让企业无惧挑战，高速发展。

本章小结

前厅销售是酒店销售中的重要环节，主要任务是销售酒店客房和其他设施使用权及相关服务，尽可能地提高酒店现有产品的销售量，最大限度地实现酒店收益。前台销售人员需要制定客房销售价格，掌握销售技巧，这些都是前厅工作的核心技能。

情景实训

实训一　向家庭类客人进行客房推销

实训要求：以小组的形式进行模拟演练，客人为带小孩女性客人，由一名同学扮演前台销售人员，对客人进行客房推销。

实训二　商务客人升级客房

实训要求：为商务客人进行客房升级的介绍，突出升级后的好处，以小组扮演形式展示。

课堂讨论

1. 影响客房定价的外在因素有哪些？
2. 客房的销售有哪些要求？
3. 什么是公布房价？什么是特别房价？在何种情况下使用追加房价？

英文词汇与术语

1. 固定成本 fixed cost
2. 变动成本 variable cost
3. 总成本 total cost
4. 平均成本 average cost
5. 边际成本 marginal cost

模块四 前厅部接待

学习目标

知识目标

- 了解入住登记的流程；
- 了解不同类型客人入住登记的程序；
- 熟悉排房技巧；
- 了解入住登记接待服务纠纷的处理方法和原则。

技能目标

- 能够在规定时间内为客人进行入住登记的办理；
- 能够根据客人情况进行住宿条件变化处理；
- 能够处理登记过程中的纠纷。

实训目标

- 通过项目训练，掌握接待客人的流程；
- 通过项目训练，掌握在接待客人过程中如何应对突发状况。

项目一 入住登记流程

案例导入

中秋节将近，某五星级酒店的前厅经理刘经理正在大堂忙忙碌碌地张罗圣诞节的环境布置，只见一位身穿西装的先生带着一位身穿夹克衫的男子急匆匆地走到他跟前，轻轻地对他说："刘经理，有件事跟您商量一下。我是北京××公司的总经理，这几天和另一位同事住在贵店，开了一间房。这位先生是我的南京客户，刚才和我一起吃完饭，多喝了点酒，我想给他另开一间房，让他休息一下，晚上住一宿，顺便谈点生意。可总台服务员说我已经开了一间房，不能再开了。而这位客户正好没带身份证，也不让登记。这就麻烦了。刘经理，您就帮忙再开一间房吧。您看，这是我的身份证。”他边说边递上身份证，下面还衬着一张没有填写的住房登记表。“刘经理，您就行个方便呢。”旁边那位男子也递上名片求情。

此刻，刘经理感到很为难，这位北京某大公司的总经理是本酒店的常客，他的要求应该尽量满足，如果处理不当，就会失掉一个很有潜力的常客，但如果答应让其客户无身份证入住，又不符合酒店住宿的一般规程。他试图找到一个变通办法，便询问那男子："您有没有证明您身份的其他证件？”男子摇了摇头。“那可不行啊。”刘经理显得无可奈何。那位先生有点急了，赶紧说："这是特殊情况嘛，请允许我用我的身份证来担保他入住吧。”“好，就这么办吧。”刘经理略沉思了一下，下了决心答应下来。两位客人喜出望外，连声道谢，表示今后有机会一定再住该酒店。刘经理领两位客人到总台办完入住登记后，又给楼层服务台挂了个电话，向值台服务员介绍了那位新入住客人的特殊情况，请她特别多加注意。

案例解析

以上刘经理对客人特殊要求的特殊处理，既拉住了一个重要客源，又确保了酒店安全无恙。第一，刘经理照顾的客人是一个熟悉了解的信得过的大公司总经理，此事的基础是稳妥可靠的。第二，公司总经理以自己的身份证担保客户入住的安全，并办理了有效的登记手续，就正式承担了相应的责任，有据可凭，有案可查。第三，刘经理最后又请楼层服务员对新入住客人特别多加注意，再增加了一条保险措施，可以说是慎之又慎，万无一失。

本案例实际上提出了酒店管理者和服务员如何在维护酒店利益的前提下灵活处理遵守规章制度的问题，值得引起酒店同行的思考。有关的例子是不少的，比如，酒店除了对少数了解熟悉、有信誉的客人，原则上是不予赊账的，但有时对有特殊情况且印象不错的客人，可暂允其赊账；住店客人进房时钥匙给同房朋友带走且身边未带住房卡，但服务员认得出客人，宜先开房让其进去休息，等等。

任务一　接待准备

一、资料准备

（一）房态报告（room status report）

在客人到店前，接待员必须获得较为具体的房态报告，并根据此报告排房，以避免给客人造成不便。

（二）预抵店客人名单（expected arrivals list）

预抵店客人名单为接待员提供的即将到店客人的一些基本信息，如客人姓名、客房需求、房租、离店日期、特殊要求等。

在核对房态报告和预抵店客人名单时，作为接待处的管理人员，应该清楚酒店是否有足够的房间接待预抵店客人，酒店还剩余多少可出租的房间接待无预订直接抵店的散客（walk-in guest）。

（三）宾客历史档案（guest history record）

宾客历史档案简称客史档案，高星级酒店均有宾客历史档案。在系统的帮助下，接待员很容易查到客人在酒店的消费记录，只要客人曾经在该酒店住宿过，根据宾客的历史档案情况，即可采取适当措施，确保客人住得开心。

（四）有特殊要求的预抵店客人名单

有些客人在订房时，可能会额外地提出服务要求，接待员必须事先通知有关部门做好准备，恭候客人的到来。如预抵店客人要求为婴儿配备婴儿床，接待员应为客人预先安排好房间，然后通知客房部准备婴儿床并将其放在指定的房间；客房部还应适当为婴儿准备一些婴儿用品，如湿巾等。这一切都必须在客人抵店前做好。

（五）预抵店重要客人名单

贵宾（VIP），主要包括政府方面人士、文化界人士、酒店业主等。公司客户（commercially important person），主要指大公司、大企业的高级行政人员，旅行社和旅游公司职员、新闻媒体工作者等。需特别关照的客人（special attention guests），主要指长住客以及需要照顾的老、弱、病、残客人等。以上都是酒店的重要客人。

酒店常为重要客人提供特别的服务和理解，如事先预留客房、免费接机/接车服务、在客房办理登记手续及安排专人迎接等。由于以上客人较为重要，酒店常把预抵店重要客人名单印发至前厅各部门及酒店相关对客服务部门，让他们在接待服务过程中多加注意。

（六）黑名单

黑名单，即不受酒店欢迎的人员名单。主要来自以下几个方面：公安部门的通缉犯，财务部门通报的走单（逃账）客人，信用卡黑名单人员。

（七）其他工作准备

在客人到店前，接待员除应获得以上信息资料外，还应做好以下工作：准备好入住登记所需的表格、用具，准备好房卡，查看客人是否有提前到达的邮件等。

任务二　前厅接待入住登记流程

前厅接待入住登记流程（三分钟之内完成），服务人员必须在交班后做好班前准备工作，确保一切都能正常运营。如发现有缺损的，及时补充或报修并报告当班上级。

一、散客登记入住流程

（一）接客人

（1）有客人朝前台走来时，立即起立并微笑，当客人距前台 3 米处，主动热情问好。

（2）视线始终注意客人，不能显得心不在焉。

（3）语气柔和，语调适中。

（4）客人在前台等候的时间不得超过 60 秒。

（5）如是常客，则尽量用客人的姓氏称呼客人。

（二）了解客人是否有预订

（1）向客人询问是否有预订。

（2）如有则请问客人的姓名，或预订人姓名及公司，与客人核对预订时留的电话号码或其他预订信息，要复述客人的预订要求，得到最后的确认。

（3）了解酒店是否有客房可供出租。

（4）如没有则进入下一步程序。

（三）推销客房

（1）确认客人没有预定后，应立即向客人了解询问客人对住房的要求。

（2）熟悉并掌握本酒店的各种优惠政策，合理推销。

（3）根据客人的实际情况合理推销房间。

（4）注意在向客人推销房间时，销售的是客房，而不是客房的价格，应强调的是客房的价值。

（5）提供客房的等级要符合客人的实际情况。

（6）根据客人的实际情况及接待员的判断，尽可能推销高价房。

（四）证件登记，押金收取

（1）客人决定入住后，向客人收取证件进行“四实”登记。

（2）询问客人温泉费用与餐费是否转过来一起结算。和客人再次确认房价并收取相应押金。

（3）一般客人的证件与信用卡或现金是一起放在钱包里的，所以，在收取的时候服务员要掌握好时机，尽量不让客人掏两次钱包。

（4）在客人拿证件或拿押金时，接待员迅速找出房卡，并准备好入住登记表和押金单。

（5）双手接过客人证件、现金或信用卡并致谢。

（6）公安网上登记完毕后迅速做好系统 C/I。

（7）如客人需要签单的，做好核对。

（五）请客人在押金单/POS 小票、入住登记单上签字

（1）询问客人是否有贵重物品需要寄存，如有需要寄存的，按照寄存流程为客人办理好寄存。

（2）迅速填写客人的押金单及入住登记单（登记单上需填上房号、房价、姓名）。

（3）如客人是刷卡的做好预授权。

（4）双手将登记表、押金单/POS 小票、笔交给客人，请客人签字，语言称呼客人时带上客人姓氏。

（5）提醒客人应填写的内容。

（6）在客人填写的时候及时在手工房态上做好记录。

（7）客人填写好后，注意核对已填写内容是否完整、清晰。

（六）递交房卡、证件、押金单（客人刷卡的递交信用卡/POS 机小票）

（1）将房卡、早餐券、POS 小票、信用卡、客人证件整理到欢迎袋里，双手一并交给客人（按照前面顺序有序摆放，对客人来说最重要的放在最上面。如客人是交现金的，押金单垫在最下面）。

（2）提醒客人，唱付：＊＊先生/小姐，这是您的房卡、早餐券，您的证件和押金单请您收好，您的房间＊＊＊，明天早餐是7：00-9：00，在一楼用餐。

（3）按照指引流程为客人指引房间，送上祝福语。

（七）其他程序

（1）电话通知房务中心C/I。

（2）补充宾客名单及相关资料。

（3）将住宿登记表及POS小票等放人相应房间账袋。

（4）如客人需要泡温泉或用餐的，通知相关部门做好接待准备工作并告知结算方式。

流程图如图4-1所示。

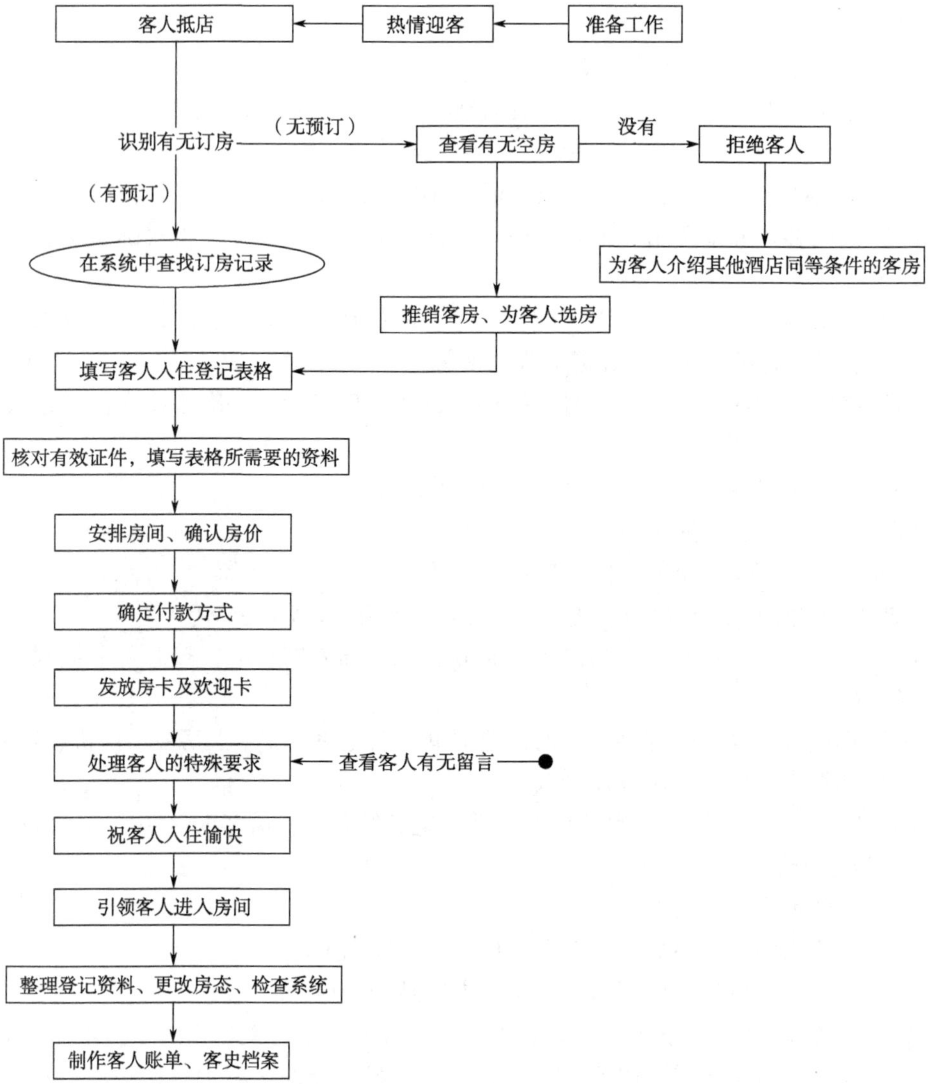

图4-1　前厅入住登记流程

二、团队入住登记流程

（一）团队入住前的准备工作

（1）提前分配好房间。

（2）填写团队用房分配表，并通知客房中心。

（3）做好房态预订，再次与团队用房表核对。

（4）与房务中心联系，询问房间清扫情况，做好跟进。

（5）若有其他特殊要求，提前通知相关部门做好准备工作。

（6）根据团队订房资料，准备好所有房卡，统一存放，注明房号及团体名称。

（二）团体入住

（1）立刻通知客房中心团队抵店。

（2）通知行李员做好行李服务。

（3）主动与领队联系，确认团员人数及房间数。

（4）向领队索取团队名单及团队客人证件，如实做好登记。

（5）问清楚领队，团队的叫醒时间、就餐时间、预计离店时间并通知相关部门，登记好领队的房号。

（6）问清楚结算方式，如果是现付团队，收取一定的押金。

（三）团队进房

（1）由行李员引领客人上楼，做好行李的分送工作。

（2）通知客房中心 C/I。

（3）在电脑中做好 C/I，将团队及客人资料输入电脑。

（4）如客人需要泡温泉或用餐的，通知相关部门做好接待准备工作并告知结算方式。

（5）检查所有团队资料、各项工作的落实，确保准确无误。

团队入住登记流程如图 4-2 所示。

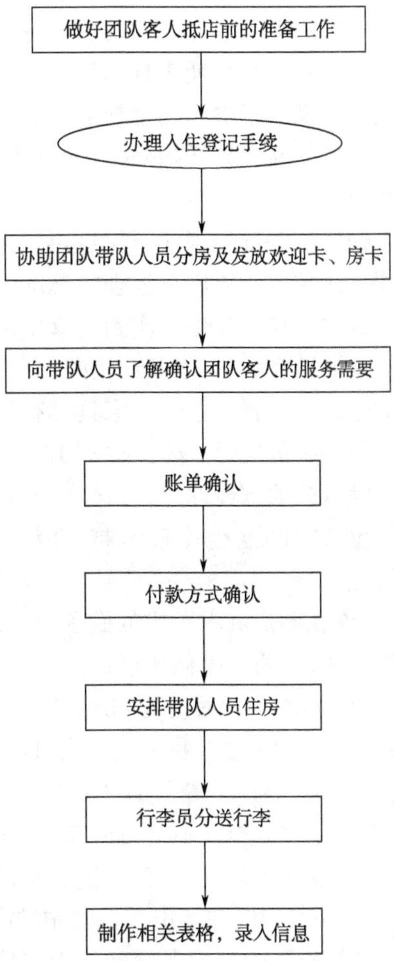

图 4-2　团队入住登记流程

项目二　客房分配

案例导入

销售公关部接到一日本团队住宿的预订，确定了客房类型和安排在10楼同一楼层，之后销售公关部开具了“来客委托书”，交给了总台石小姐。石小姐由于工作疏忽，在系统中输入错误。与此同时，她又接到一位台湾石姓客人的来电预订。因为双方都姓石，石先生又是酒店的常客且与石小姐相识，石小姐便把10楼1015客房许诺订给了这位台湾客人。

当发现客房被重复预订之后，总台的石小姐受到了严厉的处分。不仅因为工作出现了差错，而且违反了客人预订只提供客房类型、楼层，不得提供具体房号的店规。这样一来，酒店处于潜在的被动地位。如何回避可能出现的矛盾呢？酒店总经理找来了销售公关部和客房部的两位经理，商量了几种应变方案。

台湾石先生如期来到酒店，当得知因为日本客人才使自己不能如愿时，表现出了极大的不满，坚决不同意换客房，也无论总台怎么解释和赔礼，这位台湾客人仍指责酒店背信弃义，崇洋媚外，“东洋人有什么了不起，我先预订，我先住店，这间客房非我莫属。”

销售公关部经理向石先生再三致歉，并道出了事情的原委和对总台石小姐失职的处罚，还转告了酒店总经理的态度，一定要使石先生这样的酒店常客最终满意。

这位台湾石先生每次到这座城市都会下榻这家酒店，而且特别偏爱住10楼。据他说，他的石姓与10楼谐音相同，有一种住在自己家的心理满足；更因为他对10楼的客房的陈设、布置、色调、家具都有特别的亲切感，会唤起他对逝去岁月中一段美好而温馨的往事的回忆。因此他对10楼情有独钟。

销售公关部经理想，石先生既然没有提出换一家酒店住宿，表明对我们酒店仍抱有好感，“住10楼比较困难，因为要涉及另一批客人，会产生新的矛盾，请石先生谅解。”

“看在酒店和石小姐的面子上，同意换楼层。但房型和陈设、布置各方面要与1015客房一样。”石先生做出了让步。

“14楼有一间客房与1015客房完全一样。”销售公关部经理说，“事先已为先生准备好了。”“14楼，我一向不住14楼的。西方人忌13楼，我不忌，但我忌讳的就是14，什么叫14，不等于是‘石死’吗？让我死，多么不吉利。”石先生脸上多云转阴。“那么先生住8楼该不会有所禁忌了吧？”销售公关部经理问道。

“您刚才不是说只有14楼有同样的客房吗？”石先生疑惑地问。

“8楼有相同的客房，但其中的布置，家具可能不尽如石先生之意。您来之前我们已经了解石先生酷爱保龄球，现在我陪先生玩上一会儿，在这段时间里，酒店会以最快的速度将您所满意的家具换到8楼客房。”销售公关经理说。“不胜感激，我同意。”石先生惊喜。

销售公关部经理拿出对讲机，通知有关部门："请传达总经理指令，以最快速度将1402客房的可移动设施全部搬入806客房。"

案例解析

酒店的这一举措弥补了员工工作中的失误，赢得了石先生的心。为了挽回酒店的信誉，同时也为了使"上帝"真正满意，酒店做出了高效的服务。虽然事情圆满解决了，但是工作中的失误还是不能忽视，在客人预订房间时，酒店只能确保预订的房型是否有空余，而不能向客人保证一定能住进哪间房，而且，在为预订客人安排房间时，也是有一定的技巧的，所以，只有真正地掌握排房的技巧，才能使客人满意，使酒店减少不必要的损失。

任务一　排房原则

一、排房原则

排房又称分房。接待员根据宾客的住宿实际需求，考虑到宾客的心理特点及酒店可供出租的客房的实际情况（位置、朝向、价格、大小、功能等），尽可能地将适合宾客需要的客房分配给客人。正确灵活的排房方法和技能不仅能满足宾客的需要，而且能合理利用客房。

排房分为预先排房和临时排房。预先排房主要针对有预订的客人，临时排房主要针对散客。一般来说，为预定客人预先排房可以提高入住登记时的工作效率，避免在入住高峰时，接待员忙中出错和重复开房的现象。

（一）针对性原则

根据客人的特点（身份、地位、旅游目的、人数等）有针对性地进行排房。

（1）VIP客人：一般安排在较好的或者豪华的客房，要求安全设施、设备、环境都是最佳状态。

（2）团体客人：一个团队的客人尽量安排在同一个楼层的统一标准的客房，并且尽量是双人间，有利于带队人员的联络及管理。如果同一团队客人安排分散，难免会影响到其他非团队的客人，也不方便集体活动。

（3）老年人、行动不便者：安排在较低楼层，靠近服务台或者电梯口的房间。

（4）家人或同行好友：安排在楼层中的连通房或者相邻房。

（二）特殊性原则

根据客人的生活习惯、宗教信仰以及民俗不同来排房。

（1）风俗习惯、宗教信仰不同的客人：应将他们的房间拉开距离或者分楼层安排，要注意楼层号、房号与宗教禁忌的关系。

（2）竞争对手、敌对国家的客人：应尽量拉开距离，安排在不同的楼层。

（三）因地制宜原则

根据酒店经营管理的需要来安排客房。

（1）长住客尽可能集中在一个楼层，且是较低楼层（根据客人需求）。

（2）在淡季，可以将客人尽量安排在房间设施完善、景致好的房间。

（3）在淡季，可封闭一些楼层，而集中使用几个楼层的房间，以便节约能耗、劳力，便于维护和保养房间。

二、预先排房顺序

旅游旺季，由于宾客较多，酒店房间紧张，有几类预订是必须在客人抵店之前事先进行预分房的。接待人员在排房时应根据客人的特点及轻重缓急进行排房。即：

（一）贵宾

对于贵宾（VIP）必须事先安排好，将排好的房间号通知到有关部门，以便做好相应的准备工作。

（二）有特殊要求的客人

根据客人的特殊要求，安排好房间，提供针对性服务，避免产生差错。

（三）团体客人

事先为团队客人安排客房，如果没有事先预分房间，一是会影响入住登记时的效率，使客人等待时间较长，造成前台环境混乱；二是不利于楼层服务工作的进行。

（四）有预订散客

在旺季时，接待人员应预先将预订客人的房间分配好。这样既可以提高入住登记时的效率，又可以估计出剩余空房的数量，以便接待没有预订的散客，最大限度地销售客房，提高客房出租率。

（五）无预订散客（waik-in guest）

根据酒店客房的实际出租率进行客房的安排。

图 4-3 显示了排房的基本顺序。

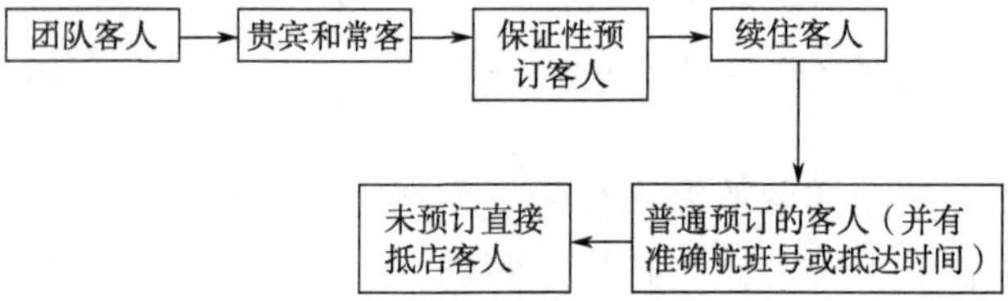

图 4-3 排房的基本顺序

任务二 排房技巧

酒店经营有淡季和旺季之分，客源有散客和团体客人之分，客人要求也各不相同，接待员还应根据旅游淡旺季的特殊性、客人的特殊要求来排房。在淡季，空房很多，预先排房就显得不那么重要，但是在旺季，客房紧张时，预先为客人分房，不仅有利于接待处安排工作，而且可以保证客人的需要得到满足。

酒店如果有专门的团体楼层，给团体客人预先排房则是由团体接待处负责。如果酒店没有专门的团体楼层，团体客房一般是由总服务台的散客接待处管理人员按照第二天的团体客房总数分出，然后将分出的客房交回接待处，接待处接待员再细分到具体的团队。

在排房的过程中，要遵循一定的技巧，以免引起不必要的麻烦。常见的几种技巧如下：

（1）团体客人或会议客人：应尽量安排在同一楼层或相近的楼层；

（2）行动不方便或带小孩的客人：应尽量安排在离电梯和服务台较近的房间；

（3）内外宾不宜安排在同一楼层；

（4）VIP 客人：应安排在同类客房中最好的房间；

（5）常客和有特殊要求的客人：应给予特殊的照顾；

（6）敌对国家的客人不应安排在同一楼层或相近的房间；

（7）注意房间号码的忌讳；

（8）经营淡季可集中使用几个楼层的房间。

项目三　离店结账流程

案例导入

某酒店总台，服务人员小李正在给 915 房间的客人办理离店手续。闲聊中，那位客人旁顾左右，捋下手指上的一枚戒指，偷偷塞到小李手里低声道："我下星期还要来长住一个时期，请多多关照。"小李略一愣，随即镇定自若地捏着戒指翻来覆去地玩赏一会儿，然后笑着对客人说道："先生，这枚戒指式样很新颖，好漂亮啊，谢谢你让我见识了这么个好东西，不过您可要收好，丢了很难找到。"随着轻轻的说话声，戒指自然而然地回到了客人手中。客人显得略有尴尬。小李顺势转了话题："欢迎您光顾我店，先生如有什么需要我帮忙，请尽管吩咐，不必客气。"客人正好下了台阶，忙不迭说："谢谢啦，谢谢啦。"客人转身上电梯回房。这时，电话铃响，小李拎话筒。915 房的预订客人即将到达，而 915 房的客人还未走，其他同类房也已客满，如何通知在房的客人迅速离店，而又不使客人觉得是在催促他，从而感到不快呢。小李一皱眉，继而拔打电话，"陈先生吗，我是总台的服务员，您能否告诉我打算什么时候离店，以便及时给您安排好行李员和出租车。"915 房间陈先生说道："哈哈，我懂你的意思啦，安排一辆的士吧。"

案例解析

服务需要委婉的语言，而委婉的语言是一门艺术，需要刻意追求与琢磨才能说到位。酒店软实力的提高，需要做方方面面的工作，而最基本的，也是最直接的，就是服务工作中的语言。有道是：一句话惹人哭，一句话逗人笑。处理得当，锦上添花，处理不当，则前功尽弃。本案例中的服务人员巧妙地化解了工作中的尴尬，使客人的颜面得到了照顾，取得了很好的效果，不单单解决了本次的房间紧缺问题，还为酒店争取了一位忠实的住客。可见，在客人离店期间，说话技巧也同样扮演着重要的角色。

任务一　客人办理离店流程

酒店前台兼职离店和结账的职能，由于人们生活越来越简洁化和快速化，一些五星级酒店基于对客人的信任和顾客至上的理念，已经简化了离店结账的部分程序。但是一些酒店还是保留了离店的基本流程，流程如下：

视频　客人离店

（1）3 米或 2 米远处看见客人，主动向客人问好："早上好/下午好/晚上好，先生/女士……"保持微笑并与客人保持目光接触。

（2）双手接过房卡并询问客人是否退房，称呼客人稍等，报客服查房："先生/小姐，请问您是××房间吗？您稍等一下，马上为您办理结账手续！"。

（3）询问客人是否开发票，询问客人公司名称，将公司名称记录下来："请问您发票需要怎么开？您的公司名称是？"

（4）在查房等待中，可以与客人沟通一下，询问一下客人在店期间对酒店、客房、餐厅是否满意，如客人有什么不满意的地方，要及时记录并认真聆听客人的投诉，给予客人及时的反馈信息，并及时地汇报上级："请问您在我们酒店住得愉快吗？您对我们有什么好的建议吗？您对我们酒店的西餐、中餐还满意吗？您对我们酒店的印象怎么样？"

（5）提示客人是否需要叫车服务，如果需要，可第一时间让行李员安排好出租车在门口等待。找客史，并询问客人如何付款：如交押金的是否用现金押金结；做预授权的是否还用卡来结；或是将现金押金返还用卡来结，预授权撤销用现金结；签单的要询问是否由公司来结："请问您怎么结账？用押金还是刷卡？"

（6）五分钟内必须 CHECK OUT，客服五分钟内还未报过来，就询问客人是否在屋内有其他消费，在屋内和保险箱内是否有东西遗留。"请问您在房间 MINIBAR 有什么消费吗？"可依据客人的回答来进行结账，并及时反馈给 AM/GRO，让其后续与客房部继续跟进，不要让客人在前台过多等候。

（7）双手将账单与笔递交给客人，请客人确认后在账单确认处签字，并谢谢客人的合作："请您确认一下账单，在这里签下字。"为客人进行退款与刷卡的工作，将退押金单或刷卡凭条双手递交给客人，请客人确认后在退押金单或刷卡凭条上签字确认，双手将退款、客人的信用卡、发票递交给客人，请客人确认后，将客人的账单、发票和凭条放在信封内，装好后双手递给客人："这是您的账单、刷卡凭条与发票，我帮您放在信封里。"

（8）道别前，提醒客人是否有贵重物品遗留在房间保险箱内，如护照、机票、钱夹等，欢迎客人下次光临酒店："欢迎您下次光临！"

任务二　客人付款方式

为便于客人享受住宿期间消费一次性办结，酒店要求客人在办理入住登记手续时预交押金或提供担保。

对于一些熟客、常客、VIP 等，酒店为了表现友好和信任，通常会给予他们免押金（waive deposit）的优待，客人可以在退房时再统一付费。免押金的客人名单一般由酒店的财务部印发，预订部员工在订房单上注明，接待处可以灵活处理。

通常情况下，散客会采用现金、信用卡、旅行支票、挂账等方式来预交押金或者担保；团体采用挂账、现金等方式预交押金或者担保。

一、现金

如果用现金结账，客人在入住时应交纳一定数额的预付金。预付金额度应超过住宿期间的总房费数，具体超出多少由酒店自己制定，结账时多退少补。

在客人办理离店手续时，将押金单交给前台接待人员，接待人员根据宾客在酒店的实际消费情况，退还押金。

二、信用卡

如果客人使用信用卡结账，接待员则应在办理入住手续时做预授权。

（1）辨明客人所持的信用卡是否属于我国银行规定的可在我国使用且本店接受的信用卡。

（2）查看信用卡上的姓名与入住客人证件上的名字是否一致，核对签名是否一致。

（3）检查信用卡的有效期和完好程度，如发现问题，礼貌性地要求客人更换一张。

三、支票

目前，在我国境内只接受公司的支票，暂不受理个人支票的付费，对于外国客人，需提醒此点。具体的操作如下：

（1）仔细核对支票的日期和真伪，注意辨别是否是已经过期的支票，金额是否超过限额，支票是否完好整洁等。

（2）在收取支票后，记录好客人的联系电话、工作单位和地址，在支票收款栏填写单位的全称，以免支票的资金被盗。

（3）开具“一式三联”押金收据，并且在收据上注明支票的号码和联系人的电话，让客人签字确认。

四、挂账

（一）挂账

挂账是指与酒店有挂账协议的单位人员，在酒店消费后，由该单位授权的有效签单人在账单或者原始消费凭证上签署，或者该单位以传真确认，由财务部应收会计定期向公司或单位结账。

由于酒店同时与多家旅行社、公司或其他单位签有挂账协议，因此，每个收银员都要掌握这些旅行社、公司的名称及其有效签单人姓名与签名字样。宾客签字结账时，要明确该宾客所属单位是否具有签字挂账消费的授权。

此外，每个收银员都要掌握与酒店签有协议的旅行社名称及协议范围；旅行社组织的宾客持有旅行社签发的付款凭单住店，这类宾客结账时，要检查旅行社付款凭单上旅行社付款的内容，一般情况下只包含房费、早餐，宾客的其他消费则由宾客自己支付。

对于有挂账协议的公司或其他单位招待的客人，应了解预订单所确定的由公司付账的费用，如果公司只承担房费，其他费用由宾客自理，则由宾客自理的费用要在退房时向宾客收取，只把由公司承担的费用做挂账；对有挂账协议的旅行社团体，根据销售部或预订部与旅行社确认的挂账书面文件或传真做挂账，并请旅行社陪同导游在团体主账账单上签字确认。挂账的旅行社团体实际用房数与预订单和传真不符时，应及时通知销售部或预订部与旅行社进行确认，并把重新确认后的书面文件或传真交财务。收银必须严格审核所有挂账单据，并把全部有效的挂账单据移交给财务部。

（二）临时挂账

对于挂账协议以外的宾客欠账，原则上要求现付，特殊情况经部门经理级别以上人员或者销售人员签名担保，可做临时挂账，款项由部门经理或者销售人员负责催收，期限在一周内。对由于操作失误导致酒店向宾客错收或多收的费用，从宾客账单上划去以后，对宾客有严重异议的费用及时报告值班经理处理，其决定从宾客账单上划去后，按实际金额结账，并及时报告收银主管后将余额暂做临时账。由收银员填写费用调减单，并由值班经理说明处理情况，在当日下班之前收银主管送交财务稽核复查，并经财务审批同意后方可调减，对未退给宾客的押金做未退订金上交财务后台处理。前台收银员应妥善保存所有挂账账单及原始单据，并将账单财务联交财务处。

（三）汇款转账

对于提前回款或直接转账至酒店的宾客结账，应与财务处后台配合操作。销售部或者预订部在接受宾客预订时，应与宾客确认付款方式，如宾客要求汇款或直接转账，同城转账应要求宾客至少提前 4 个工作日将款项转出，异地汇款应要求宾客至少提前 6 个工作日将款项汇出。并请宾客将银行受理后的进账单传真至酒店，交财务部出纳，复印一份与预订单一同传至前台接待处，出纳在传真上签名确认款项到账后将传真件传至前台收银，前台收银据此结账，结账后传真与账单一起交财务处稽核。

需特别注意，若宾客在入住时款项还未到账，应及时通知销售部或预订部处理，若宾客在退房时款项还未到账，应及时与财务部联系，必要时让宾客现付。收银员应熟练掌握酒店开户名称、开户银行及账号。

五、客人费用担保

（一）住客为另一住客担保

当一间房的住客为其他房间的住客担保费用时，需要填写费用担保单，并让担保人签名确认。费用担保单需要填写的内容有：担保人的姓名及房号，担保的项目、被担保人的姓名及房号。费用担保单一式两份，一份由接待处保留，另一份送至财务部。要与付费客人确认对另一客人的费用（房费、杂费或所有费用）是支付还是只做担保。在主登记卡（担保客人的登记卡）的备注处及计算机主画面的退房留言（check-out message）一栏注明。在被担保人的登记卡备注处也应注明转账到担保人房间。

（二）担保人不在店

接到非住客的信用卡时，首先核对是否持卡本人及是否在有效期，然后按规定预取足够的授权，并压下相应的签购单。若该信用卡是国内的信用卡，要询问持卡人的证件号码，并把证件号登记在签购单上。让持卡人在签购单及费用担保单上签名确认，并询问其联系电话，记录在担保单上，确认是支付住客的费用还是只是担保，及担保或支付的范围。出现住客续住时，必须联系持卡人是否继续担保或支付其续住的费用，如继续担保或支付还需要到前台签名确认。

六、免费

客人享受免费房的待遇，必须经过酒店管理人员的同意，前台接待人员才可以安排房间，并确认好住店的天数、退房的时间、免费的项目、是否有早餐等。仍然需要收取一定的预付款项，以保证店内其他消费能够支付，并将信息输入计算机，备注好授权情况。

项目四　常见问题的处理

案例导入

正值秋日旅游旺季，有两位外籍专家出现在上海某酒店的前台。前台服务员小刘（实习生）查阅了订房登记簿之后，简单地向客人说："已订了 708 号房间，你们只住一天就走吧。"客人们听了以后就很不高兴地说："接待我们的工厂有关人员答应为我们联系预订客房时，曾问过我们住几天，我们说打算住三天，怎么变成一天了呢?"小刘机械呆板地用没有丝毫变通的语气说："我们没有错，你们有意见可以向厂方人员提。"两位专家此时更加恼火了："我们要解决住宿问题，我们根本没有兴趣也没有必要去追究预订客房的差错问题。"

僵持之际，前厅值班经理闻声而来，首先向客人表明他是代表宾馆总经理来听取客人意见的，他先让客人把意见说完，然后以抱歉的口吻说："你们所提的意见是对的，眼下追究接待单位的责任看来不是主要的。这几天正值旅游旺季，双人间连日客满，我想为你们安排一处套房，请你们明后天继续在我们宾馆做客，房金虽然要高一些，但设备条件还是不错的，可以给你们九折优惠。"客人们觉得值班经理的表现还是诚恳、符合实际的，于是应允照办了。

过了没几天，住在该宾馆的另一位外籍散客要去南京办事几天，然后仍旧要回上海出境归国。在离店时要求保留房间。总台服务员的另外一位服务员小吴在回答客人时也不够策略，小吴的话是："客人要求保留房间，过去没有先例可循，这几天住房紧张，您就是自付几天房金而不来住，我们也无法满足你的要求！"客人碰壁以后很不高兴准备离店，此时值班经理闻声前来对客人说："我理解您的心情，我们无时无刻不在希望您重返我们宾馆做客。我看您先把房间退掉，过几天您回上海前先打个电话给我，我一定优先照顾您入住我们宾馆，如果到时没有空房，我也一定让您设法改住他处。"

数日后客人回上海，值班经理已替他安排了一间楼层和方向比原先还要好的客房。而当他进入客房时，看见特意为他摆放的鲜花，不由得翘起了拇指。

案例解析

第一，酒店是中外宾客之家，使宾客满意而归是店方应尽的义务，大型酒店为了及时处理客人的投诉，设置大厅值班经理是可行的。

第二，当客人在心理上产生不快和恼怒时，店方主管人员首先要稳定客人情绪、倾听客人意见，以致歉语气婉转地加以解释，用协商的方式求得问题的解决。

第三，要理解投诉客人希望得到补偿的心理，不但在身心方面给予慰藉，在物质利益方面也要有所补偿。当客人感到满意又符合情理时，酒店的服务才算得上出色成功。

任务一　客人要求换房

一、换房常见原因

（1）入住的房间过大或者过小。
（2）客人希望入住价格更适合自己的房间，升级房间或换价格低的房间。
（3）客人觉得房间的景致与自己预期的不同。
（4）住店客人的人数发生变化。
（5）客房的设施出现问题，一时无法修复。
（6）由于疏忽，双重预订，其中一部分客人应做换房处理。

二、换房工作重点

（1）仔细询问换房的原因，针对不同情况采取不同的措施。
（2）了解情况后，做好内部的信息沟通工作。
（3）做好账单转移工作。
（4）联系礼宾部提供行李服务。

三、换房工作程序

（1）了解换房的原因，无论何种原因换房，接待人员都要向客人表达歉意，请求客人的谅解。

（2）查看客房的状态，看是否有符合客人需求的客房，如果暂时没有，则需要向客人说明。如果升级客房，则需要另收房费；如果是酒店自身原因需要为客人换房，则需要与客人进行协商，一般情况下不向客人额外付费。

（3）及时填写变更单，送至酒店各个部门，协调客人提拿行李换房。

具体流程可参见图 4-4。

任务二　房内物品丢失

客人外出返回，发现少了个人钱物，酒店前厅部人员怎么办？

（1）先说非常抱歉出现此类事情，请客人提供房号或姓名。

（2）与客人、保安员一起到现场，了解相关情况，如客人离开和回来发现的时间、钱物摆放的位置、缺少多少钱物等。

（3）记录详情，并承诺会给客人调查结果，请客人再回忆是否有出入。

（4）根据客人提供的信息到客房部和监控中心进行调查，询问当班服务员，将调查结果告诉客人，由客人决定是否报警。

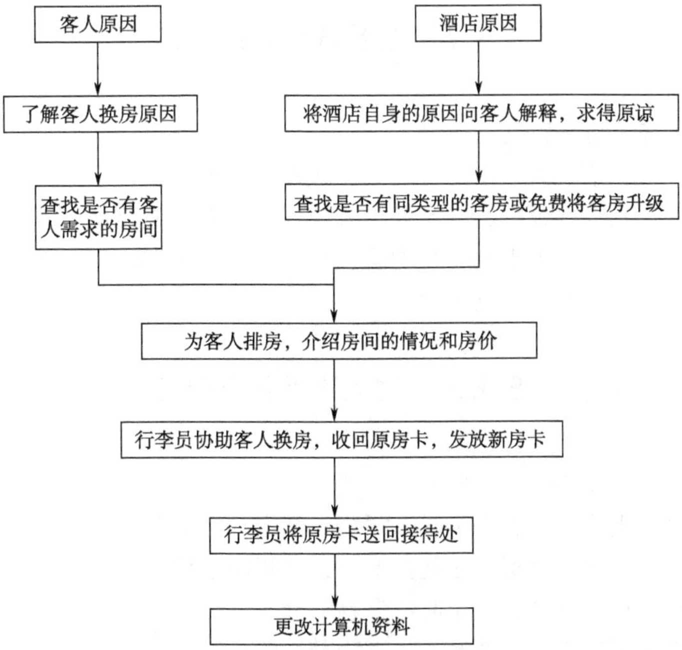

图 4-4 换房工作流程

任务三 客人将房内物品带出

客人将房内物品带出，此时，

（1）不能直接问客人是否带走了物品并要求赔偿，而应礼貌地请客人帮忙回忆物品的放置处，客房服务员暂时找不到。

（2）如客人不愿当面拿出，就可请客人回房帮助寻找，给客人留足面子。

（3）给客人解释：房内找不到消失物品，需要赔偿。

（4）如客人承认，则应向客人解释该物品为非酒店易耗品，如客人需要可以购买，同时非常感谢客人能购买酒店物品作为纪念品。

任务四 客人不承认房间内消费

如果客人不承认房间内消费，则应

（1）请客房部再次进行查看，房内的饮料是否及时地补充过，或客人已经支付过。

（2）请客人询问同住的客人是否有使用，或回忆是否在住宿期间有朋友会面等。

（3）请客人回忆是否将饮料放置在房内的其他位置，请客人协助。

（4）可酌情减免此费用。

任务五 住客房间钥匙丢失

如果住客将房间钥匙丢失，则应

（1）安抚客人，请客人报出房号或登记人姓名，进行查看。

（2）请客人出示有效证件，与计算机系统上登记人相关信息进行核对。

（3）无误后，可为客人重制一把钥匙，并提醒客人丢失的钥匙是需要赔偿的。

（4）告诉客人原先的钥匙已失效。

任务六 客人带宠物进酒店

如果有客人带宠物进酒店，则应

（1）立即进行阻止，礼貌告诉客人酒店有规定，是不允许带宠物进店的。

（2）请客人将宠物暂时寄存于礼宾部，办理相应手续。

（3）如时间较长，则请客人定时给宠物喂食。

（4）做好交接班工作，直至客人将宠物带离店。

任务七 住客喝醉酒无理取闹

如果遇到有住客喝醉酒无理取闹，则应

（1）保持冷静，通知保安部，将客人带离对客服务区域。

（2）如事态扩大，由值班经理决定是否报警。

（3）报警后，由警方处理，并将喝醉酒的客人带离酒店。

（4）发生冲突时，一定要以保护酒店员工和财产为原则。

任务八 客人在大堂不慎滑倒

如果有客人在大堂不慎滑倒，则应

（1）立即上前向客人道歉，并进行帮助。

（2）扶客人至休息处，必要时请酒店医护人员到现场。

（3）了解客人的相关信息，向客人赠送水果或酒店礼品等，以表歉意。

（4）通知 PA 组在现场设立告示牌，进行清理，或扩大范围，加强现场管理。

任务九 酒店发生火灾

酒店发生火灾，则应

（1）保持镇定，到现场查看。

（2）按动最近的火警报警器。
（3）通知总机，说出火警发生地点及火情。
（4）在安全情况下，利用就近的灭火设备尽力将火扑灭。

知识链接

前厅部办理入住操作流程如图 4-5 所示。

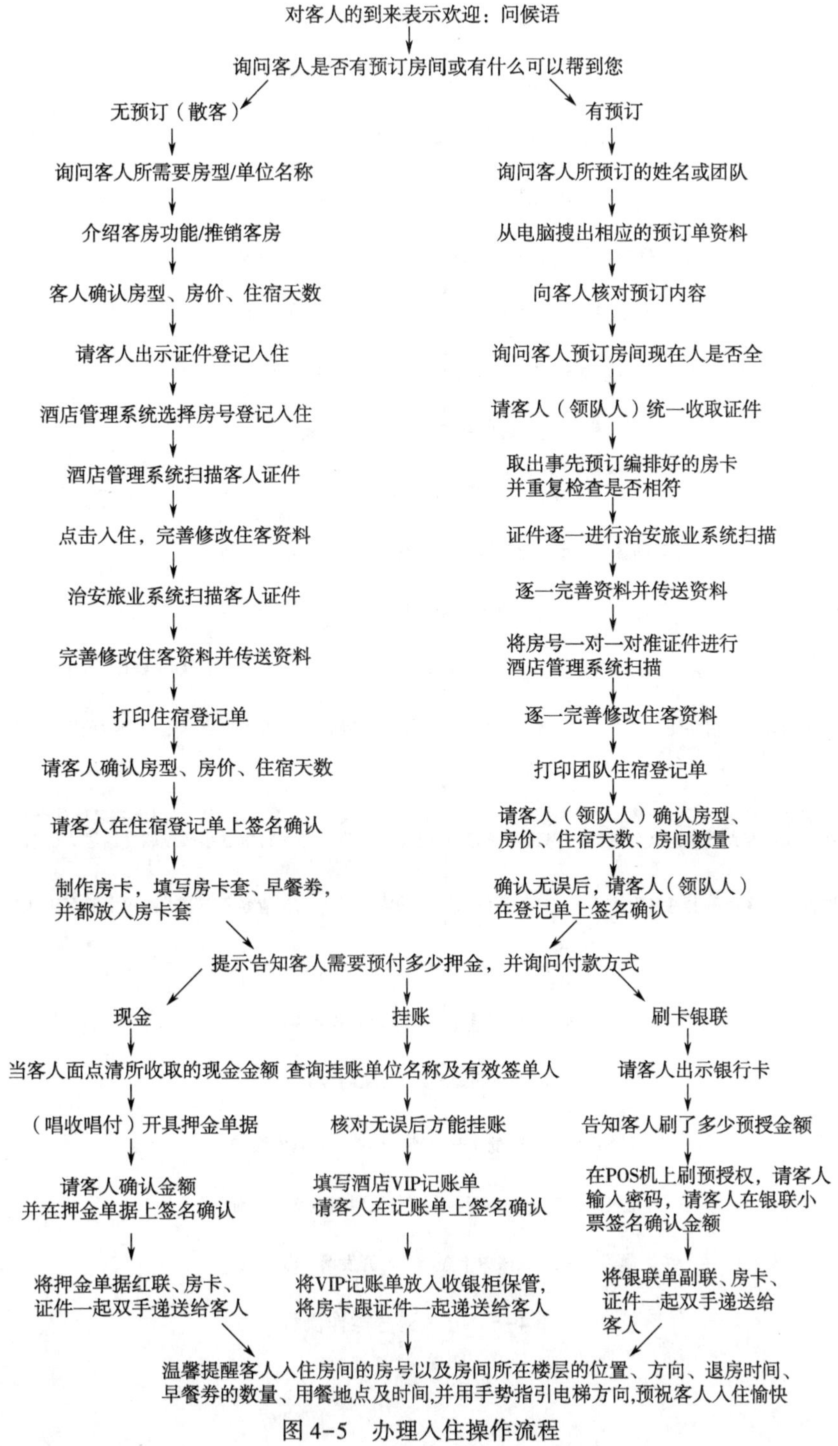

图 4-5　办理入住操作流程

前厅部办理退房操作流程如图 4-6 所示。

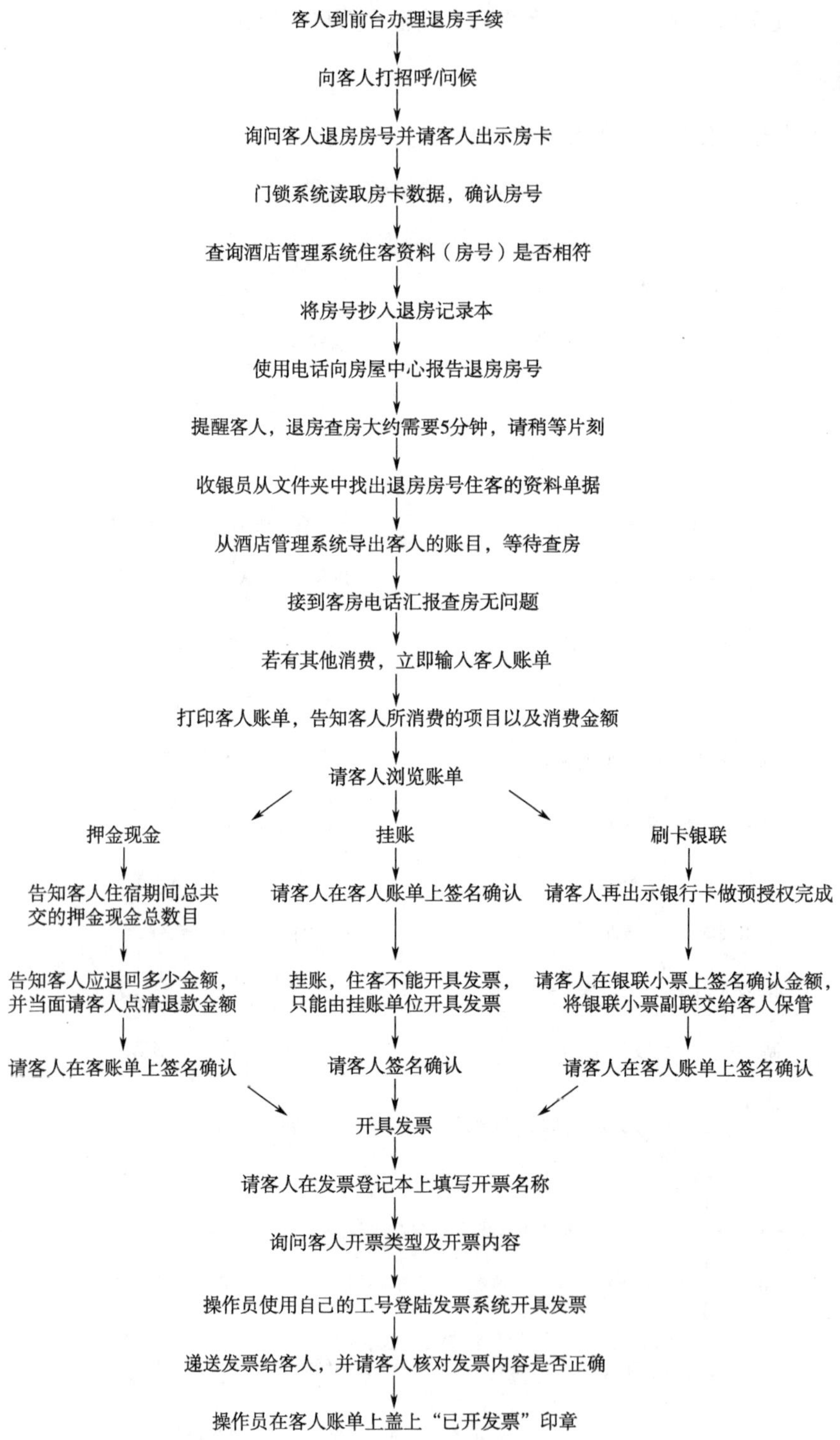

图 4-6 办理退房操作流程

本章小结

本章主要讲述了前厅部的接待服务，其中入住登记流程是本章的重点，作为从业人员，需要灵活掌握流程，随机应变，并且要能协调解决在业务办理过程中出现的问题。

情景实训

实训一

实训要求：将班级同学2~3个人分成一组，同学分别扮演客人和接待人员。

情境一：有预订客人未按照预订时间抵达酒店。

情景二：超额预订客人抵达酒店。

实训二

实训要求：将班级同学5~6人分成一组，为团队办理入住，扮演客人的同学要求团队中的其中两人要住在同一个房间，其中某一位客人要单独睡一间房，接待员重新为客人分房。

课堂讨论

1. 为适应现在个性化酒店服务，前厅接待人员应该具备哪些素质？
2. 应对突发状况时，是应该严格按照程序，还是按照客人的意愿接待办理入住？
3. 在发现矛盾发生，而且是客人的失误导致的，这个时候是要据理力争还是息事宁人？

英文词汇与术语

1. 总咨询 call received
2. 有效咨询 effective/successful calls
3. 网络到访客 visitors from the internet
4. 未预约客人 unregistered visitors/walk-in guest

模块五　前厅部日常服务

学习目标

知识目标

- 了解酒店中应对日常工作的岗位包含哪些；
- 了解门童、礼宾等岗位的工作职责和岗位要求；
- 熟悉每个日常工作岗位的工作流程和要求；
- 了解各岗位在遇到突发状况时是如何应对的。

技能目标

- 能够在酒店外部迎接客人并将客人送至前台办理入住；
- 能够巧妙地在陪伴客人进入房间过程中，推销酒店产品；
- 能够及时地为客人办理好行李搬运和寄存工作

实训目标

- 通过实训项目演练，使学生能够独立完成接待客人的全过程；
- 通过小组团队合作，能够找到服务中的不足和优点，相互点评，查缺补漏。

项目一　门童

案例导入

在一个秋高气爽的日子里，门童小贺穿着一身剪裁得体的新制服，迈着轻快的步伐，第一次独立地走上了门童的岗位。一辆白色的高级小轿车向酒店驶来，司机熟练而准确地将车停靠在酒店豪华大转门前的雨棚下。小贺看清车后端坐着两位身材魁梧、体格健壮的男士，前排副驾位上坐着一位身材较高且眉清目秀的女士，小贺一步上前，以优雅的姿态和职业性的动作，为客人打开后门，做好护顶姿态，并目注客人，致以简短欢迎词以示问候，动作麻利规范，一气呵成，无可挑剔。

关好门后，小贺迅速走到前门，准备以同样的礼仪迎接那位女士下车，但那位女士满脸不快，使小贺茫然不知所措。

通常后排座为上座，凡一般有身份者皆就此座，优先为重要客人提供服务是酒店服务程序的常规。这位女士为什么不悦？小贺百思不得其解。

案例解析

女士优先，女士应该得到更多的关心和尊重，这是社交场合通常应当遵循的礼仪与习惯。这位女士没有得到优先和尊重，被冷落了，因而深感不满。门童小贺错在机械地执行了服务程序和标准，缺乏作为一名服务员所应当具有的反应能力和机智灵活，没有正确处理服务规范与文化传统之间的关系。

通常资深位高的客人，坐车时取后排座者居多，因此当车内前后排均有客人时，门童拉门时的基本动作通常设定为先后后前，或同时拉开前后车门，再为其中认为需要护顶的客人护顶。当被服务对象发生某些变化时，服务人员应当能够在基本服务程序的基础上灵活应变，提供适时适度带有针对性的服务，例如，中国文化传统中，有比较浓厚的官本位色彩，这就要求服务遵循先上级后下级的服务原则。而西方文化则崇尚女士优先、老幼优先、残疾优先的传统习惯。因此，门童在工作中既要懂得如何执行酒店的服务规范，又要了解东西方不同的文化背景。只有这样，服务工作才能灵活自然、得心应手，并受到客人的欢迎。

任务一　门童的素质要求

门童（door man），站在酒店入口处负责迎送宾客的前厅部员工。

一、素质要求

做一个优秀的门童并不容易，世界著名的日本新大谷酒店的负责人曾说过：培养出一个出色的门童往往需要花上十多年的时间。门童服务的三要素：细心观察、适时服务、有道别声。为了做好门童工作，管理人员可选用具有下列素质的员工担任门童工作：

（1）形象高大、魁梧；

（2）记忆力强；

（3）目光敏锐、接待经验丰富；

（4）知识面广泛。

二、门童的选择

（1）由女性担任门童：亲切，温和；

（2）由长者担任门童：稳重、可信、慈祥；

（3）雇用外国人做门童：新奇、有特色。

任务二 门童的岗位职责

门童有以下岗位职责：

（1）迎宾。首先，客人抵达时，向客人点头致意，表示欢迎。其次，门童要协助行李员卸下行李，查看车内有无遗留物品。记下客人所乘出租车的牌号。

（2）指挥门前交通。

（3）做好门前保安、清洁工作。

（4）回答客人问讯。

（5）联系调度出租车。

（6）填写服务指南卡。

（7）送客。

任务三 门童的迎送宾客服务程序

一、迎宾

视频 客人抵店

在客人抵达酒店前厅时，门童开始迎接工作，程序为：站立等候→引导停车→开、关车门→站回原位。

（一）引车

（二）开车门护顶及迎接客人

（1）如果只有一排客人，则面朝车尾背朝车头站立于车门一侧，如图 5-1 所示。

（2）如果前后座都有客人且有两名迎宾员，则两名迎宾员面对面分别站于车门旁边，前座迎宾员面朝车尾背朝车头站立，后座迎宾员面朝车头背朝车尾站立，如图 5-2 所示。

（3）如果前后座都有客人且有一名迎宾员的情况下，双手迅速拉开车门，站在重要客人一侧；如果不能辨别哪位是重要客人时，则站在后座客人一侧，如图 5-3 所示。

（4）当客人站稳后向其问好。服务语言："先生/女士您好，＊＊大酒店欢迎您"。如果看到车牌是重要单位或是车牌号比较小时要立即通知经理来接待。迎宾员关车门时双手推送，力量要轻，做到一次性关闭，如图 5-4 所示。

（5）当客人打车来店：待客人付账拿好发票后迅速拉开车门为其护顶，待客人站稳后双手递送乘车卡，提醒客人带好物品，同时向出租车司机道谢。服务语言："先生/女士您好，请带好您的乘车卡，以防物品落在车上，方便您及时查找"。如果客人不接受乘车卡，迎宾员可将乘车卡交予当天礼宾台保管。

（6）客人步行来店：当客人步行来店或从停车场走来时，门童应迅速上前，在距客人 1 米处站立，点头示意，热情礼貌打招呼。服务语言："先生/女士您好，＊＊大酒店欢迎您。"

图 5-1

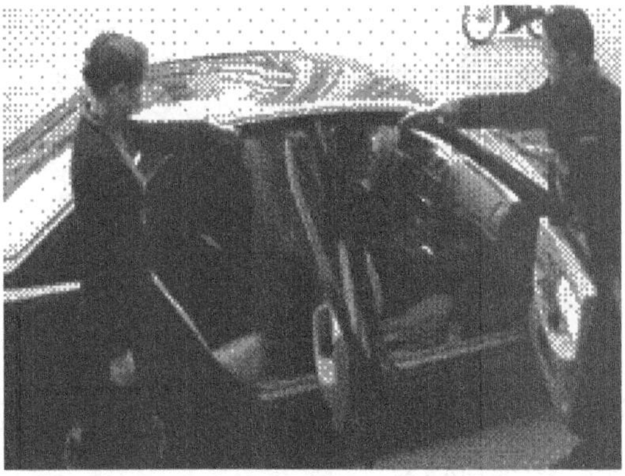

图 5-2

图 5-3

图 5-4

（三）检查并提拿行李

门童要协助行李员卸下行李，查看车内有无遗留物品，然后关门，退后一步，示意司机发车，并向司机道谢。

（四）进门服务

距离客人 1 米左右的距离时，调整门的速度和方向，方便客人通过。

二、送客

客人离店，门童应：

（1）整理着装，检查仪容仪表。

（2）门前站好。

（3）为客人开门致意。

（4）安排车辆。

（5）送别：祝客人旅途愉快，感谢客人的光临；挥手致意，目送客人离去。

三、注意事项

（1）用外侧的手迅速拉开车门，靠近车门的手为客人护顶。

（2）忌给伊斯兰教、佛教客人护顶，无法判断身份时，可以用手抬起而不护顶。

（3）忌给戴军帽客人护顶。

（4）有些客人忌讳左手开车门。

（5）先女宾后男宾、先外宾后内宾、先老人后小孩。

（6）雨雪天，主动为客人打伞请其下车进店，提醒客人将伞放在或锁在门口的伞架上。

（7）团队客人到店时，车停稳后，站在车门一侧，迎接客人，主动点头致意、问候，帮助提行李。

项目二　行李员

案例导入

吴小姐是某团的成员，到达楼层，当行李员卸完车上的行李，吴小姐只找到了自己的一只箱子而另一件行李却不知去向，不免心中着急，在不安中等待十分钟后，终于在第二辆行李车中找到了另一件行李，这一经历给吴小姐带来不安全感。

案例解析

同一楼层如果需要两辆行李车，则应根据房号装车，房号在电梯右侧的，行李放在一车上；房号在电梯左侧的，行李放另一车上；如果同一客人有两件以上的行李，应该把这些行李放在同一车上，不能分开装车以免客人只见到一件行李误以为其他行李丢失而着急。行李分送服务应遵循“同团同车，同层同车，同侧同车”的原则。

任务一　行李服务

行李服务是礼宾部向客人提供的最主要的服务，是由行李员把住店客人的行李从大门送到房间门口或房内，或把离店客人的行李从客人房间送至酒店大门口的服务过程。行李员和门童归属礼宾部（concierge）。两个岗位不同，工作场所也有所区别。行李员一般位于酒店大堂。

星级酒店的大堂都有专门为顾客搬运行李的行李车，如图 5-5 所示，这种车一般都比较考究，镀金的皇冠式框架，玫瑰红色的丝绒铺面，精致灵巧的万向轮，行进在大理石地面上不会有任何响声，那是酒店的门面，也是酒店对尊贵客人的一种表示，所以这种车子很贵，不可以作为它用，应好好维护保养。

图 5-5　行李车

任务二　行李员的工作职责及要求

一、行李员的职责

行李员有如下职责：

（1）负责为客人搬运行李。

（2）向客人介绍店内服务项目。

（3）帮助客人熟悉周围环境。

(4) 替客人传递留言，预约出租车、寻找客人等。

二、能力要求

行李员应具备以下能力：

(1) 能吃苦耐劳。

(2) 四勤：眼勤、嘴勤、手勤、腿勤。

(3) 能掌握本部门工作程序和操作规则。

(4) 能回答客人问询：包括酒店各部门位置；客房、餐饮、娱乐等各项服务的内容、时间、地点及有关信息；当地名胜古迹、旅游景点和购物点等。

三、素质要求

行李员的素质要求包括：

(1) 性格活泼开朗，思维敏捷。

(2) 熟悉本部门工作程序和操作规则。

(3) 熟悉酒店内各条路径及有关部门位置。

(4) 了解酒店内各项服务的时间、位置、内容等。

(5) 广泛了解当地景区景点和购物点。

四、注意事项

(1) 认真检查行李。

(2) 搬运时，轻拿轻放，贵重物品让宾客自己拿。

(3) 照看好客人的行李。

(4) 引领客人时，走在客人左前方，距离 2~3 步。

(5) 引领客人途中，主动向客人介绍酒店的服务项目和设施。

(6) 离开房间前，向客人打招呼，并祝客人住店快乐。

(7) 将离店客人行李搬运到大厅后，询问客人是否结账。

(8) 做好行李搬运记录。

任务三　行李员的服务流程

一、散客行李服务流程

(一) 客人抵店时

(1) 微笑欢迎。

(2) 帮忙卸行李，与客人一起清点行李件数。客人的贵重物品及易碎品不主动提拿，杜绝差错、丢失、破损，也可以委婉谢绝。

（3）照看行李，斜前方二三步引领客人，在客人身后 1.5m 为客人照看行李，关注客人办理登记的进展，注意站立姿势。

（4）索要钥匙、引领客人。

（5）电梯中照顾客人，请客人先进先出。

（6）进入房间，先按门铃、敲门，用房卡开门；打开总开关，客人先进，将行李放在行李架上，简要地介绍设施设备使用方法。

（7）填写行李送房记录，见表 5-1。

表 5-1　散客入住行李搬运记录表

日期：

Date：

房号 Rm. No.	上楼时间 Up Time	行李件数 Pieces	行李员 Bell	预计离店时间 Depart. Time	备注 Remarks

（二）客人离店时

（1）接到通知，收取行李。当客人离店打电话要求收取行李时，行李员必须问清客人房间号码、行李件数和收取时间。

（2）登记，离店登记单上登记，根据房间号码提取客人行李，如表 5-2 所示。

视频　指引至电梯

（3）收取客人行李。3 分钟之内到达客人房间，开门后，问候客人；同客人一起确认行李数，告知领班客人房间号码，等候客人。

（4）帮助客人离店。确认客人已经付清全部房费，办理完毕离店手续后，引导客人出店，将行李放入出租车内；为客人打开车门，并请客人上车，为客人护顶；向客人礼貌告别，“欢迎下次再来。”

表 5-2　散客离店行李搬运记录表

日期：

Date：

房号 Rm. No.	离店时间 Depart. Time	行李件数 Pieces	行李员 Bell	车号 No.	备注 Remarks

二、团队行李服务流程

（一）进店服务

（1）接收行李。分清团队、人数、行李件数，并且系好行李牌。

（2）分送行李。分送行李要准确，同房同车，同侧同楼同层同车，不同团队的行李分车送。

（3）送行李到房间。运送行李动作要文明，按规定敲门。

（4）行李登记。及时记录宾客行李信息。

（二）离店服务

（1）准备。查清要离店团队的编号名单，夜班编制离店表，交接班时，如有特殊情况需要交代清楚。

（2）收取行李。仔细对照名单收取行李，不同团队分别收取、摆放。

视频　送行李进客房

（3）核对。按照规定确认签字，有放行卡便可放行。

（4）行李放行资料存档。记录存档。

项目三　问讯及留言

案例导入

一访客向总台接待员询问一住店客人，称同该住店客人有约在先，且关系密切。接待员根据访客提供的住客姓名、来店日期等情况，核查属实，但该住客要求保密。此时，可以将房号直接告诉访客吗？为什么？

案例解析

每一位住客的姓名、房号、国籍、活动、房价等资料均属于私密范围，服务员不得随意泄露，必须在征得住客同意后，才能将房号告知来者。如住客需要保密，拒绝会客，必须尊重并满足住客的这一权利和需要，对酒店而言，这是一种特殊服务，这恰恰是尊重客人、讲究礼仪的行为，因此，接待人员对于来访者礼貌拒绝，是一个规范行为。另外，出于安全考虑，应该向大堂副理上报此情况。

任务一　问讯服务

问讯服务不仅仅是问讯处的责任，酒店的每一位员工都应成为问讯员，因为推卸责任会给客人带来不安和疑心，影响宾客对酒店的好感。问讯处的工作除向客人提供问讯服务外，通常还要受理客人留言、处理宾客邮件、完成委托代办事项，以及负责钥匙的管理。

一、问讯处的业务范围

门讯处有以下业务：

(1) 回答客人咨询，提供准确信息。

(2) 做好留言服务。

(3) 处理客人邮件。

(4) 完成客人委托代办的事情。

二、信息服务内容

酒店应提供以下服务信息：

(1) 酒店本身信息，如酒店的地理位置、服务设施、开放时间等。

(2) 交通信息，如酒店距离机场的距离、距离旅游景点的距离。

(3) 关于本地主要娱乐、度假、购物、康体休闲及观光场所的信息。

(4) 关于本地科学、教育、文化设施方面的信息。

(5) 关于天气、日期、时差方面的信息。

(6) 其他信息，如宗教等。

任务二　留言服务

一、访客留言

访客留言，指来访客人对住店客人的留言。

(1) 主动询问是否愿意留言，开启被访者客房的留言灯。

(2) 在访客名单上留下记录，访客留言单一式三份。第一联放入问讯处的邮件架，第二联送到总机，第三联用行李员送往客房，将留言单送入房间。

由于现代酒店业信息化的普及，因此，将留言信息输入系统，与其他部门共享信息，可以省略抄送步骤。房间内的电话有提示留言信息的指示灯。

二、住客留言

客人离开客房或酒店，将客人的需求详细记录清楚，如遇到换班的情况，需要将留言信息记录在换班记录本上。

三、留言的要素

留言一般包括以下要素：

(1) 给谁（姓名、房号）。

(2) 谁给（姓名、联系电话）。

(3) 内容（时间、地点、事件）。

(4) 留言时间。

(5) 接受留言客人的签名。

项目四　金钥匙服务

案例导入

2017 年 3 月 18 日中午，一场重点接待的迎接工作刚落下帷幕，此时，礼宾处主管 Philip 接到部门何经理一个信息："刚刚入住 2518 花园套房的中行客人田先生每天有看广州日报、南方日报的习惯，由于酒店只订阅一份南方日报，不到万不得已不能移用，而广州日报却从没订阅过，因此希望礼宾处明天一早落实好这两份当天的报纸并送到客人房间。"礼宾处主管 Philip 曾经为了购买一份南方日报而经历过不少麻烦，知道这是一件看似容易其实却不然的事儿。为了保证第二天一早能将这两份报纸顺利送入客人的房间，Philip 不敢有丝毫的大意，趁早开始了落实的行动。

他先与所掌握到的几家邮局、报刊亭电话联系，结果事倍功半。匆匆用完午餐后，Philip 选择外出踩点，对沿途各书报亭和邮政业务分销点进行一一询问，得到的回复均大致一样，"广州日报很容易就能买到，而南方日报却因少人问津而无人进货零售"。近一个小时的时间不知不觉就将过去，而南方日报仍无着落。Philip 有点气馁而又不甘心无功而返，他不经意间触到了口袋里的手机而萌发了新的想法，遂掏出手机联系上了就近的国际大酒店的金钥匙，对方却告知该酒店今年也没订阅这种报纸。匆匆挂线后，Philip 转而拨通了帝豪酒店的金钥匙，对方了解来意后，首先风趣地告知"我店订了许多南方日报，可以说每天都发不完呢"，接着才爽快地答应第二天会落实保留一份。听到这句盼望已久的回话，Philip 终于长出一口气静下心来，真是"踏破铁鞋无觅处，得来全不费功夫"啊。

第二天一早，Philip 再次外出，在帝豪酒店顺利取到了一份南方日报，并购得一份广州日报，随即第一时间送到了 2518 房。

案例解析

不能低估一些看似简单的事情，在接到任务后，只要条件允许，应尽早做好安排、落实，必要时先行踩点以防意外。当受到挫折时，要善于通过其他途径解决，使事情最终有一个两全其美的结果。

任务一　金钥匙的含义及服务理念

一、含义

"金钥匙"是一种"委托代办"（concierge）的服务概念。"concierge"一词最早起源于法国，指古代酒店的守门人，负责迎来送往酒店的钥匙。随着酒店业的发展，其工作范围不断扩大，在现代酒店业中，concierge 已成了为客人提供全方位"一条龙"服务的岗位，只要不违反道德和法律，任何事情 concierge 都尽力办到，以满足客人的要求。其代表人物就是他们的首领“金钥匙”，他们见多识广、经验丰富、谦虚热情、彬彬有礼、善解人意。

“金钥匙”（Les Clefs d'Or）通常身着燕尾服，上面别着十字形金钥匙，这是委托办的国际组织——“国际饭店金钥匙组织联合会”（Union International Concierge Hotel Les Clefs d'Or）会员的标志，它象征着“concierge”就如同万能的“金钥匙”一般，可以为客人解决一切难题。“金钥匙”尽管不是无所不能，但一定要做到竭尽所能。

认识“金钥匙”

二、服务理念

金钥匙秉承以下服务理念：

（1）金钥匙的服务宗旨：在不违反法律和道德的前提下，能为客人解决一切困难。

（2）金钥匙为客排忧解难，“尽管不是无所不能，但是也是竭尽所能”，要有强烈的为客服务意识和奉献精神。

（3）“满意加惊喜”是金钥匙的服务标准，致力于为客人提供满意加惊喜的个性化服务。

（4）金钥匙组织的工作口号是“友谊、协作、服务”。

（5）金钥匙的人生哲学：在客人的惊喜中找到富有乐趣的人生。

（6）金钥匙的服务理念：“先利人、后利己；用心极致、满意加惊喜；在客人惊喜中，找到富有人生。”金钥匙服务除了强调满意度外，更重要的是有惊喜度。服务上和生活上很容易创造“惊喜”，只要“用心”。“在客人惊喜中，找到富有人生”是金钥匙的财富观、人生观，是国际金钥匙组织年轻一代所追求的服务哲学。

任务二　金钥匙的素质要求及岗位职责

一、素质要求

（一）思想素质

（1）拥护中国共产党和社会主义制度，热爱祖国；

（2）遵守国家的法律、法规，遵守酒店的规章制度；

（3）敬业乐业、热爱本职工作，有高度的工作责任心；

（4）有很强的顾客意识、服务意识、乐于助人；

（5）忠于企业，忠于顾客，真诚待人，不弄虚作假，有良好职业道德；

（6）有协作精神和奉献精神，个人利益服从国家集体利益。

（二）能力要求

金钥匙需具备以下能力：

（1）交际能力：彬彬有礼、善解人意，乐于和善于与人沟通。

（2）语言表达能力：表达清晰、准确。

（3）身体健康，精力充沛，能适应长时间站立工作和户外工作。

（4）有耐性。

（5）应变能力强。

（6）协调能力强。

（三）业务知识技能

金钥匙应具备以下业务知识技能：

（1）熟练掌握本职工作的操作流程。

（2）通晓多种语言。

（3）掌握中英文打字、电脑文字处理等技能。

（4）掌握所在酒店的详细信息资料，包括酒店历史、服务设施、服务价格等。

（5）熟悉本地区三星级以上酒店的基本情况，包括地点、主要服务设施、特色和价格水平。

（6）熟悉本市主要旅游景点，包括位置、特色、服务时间、业务范围和联系人。

（7）掌握一定数量的本市高、中、低档的餐厅以及娱乐场所、酒吧的信息资料，包括地点、特色、服务时间、价格水平、联系人。按照中国饭店金钥匙组织联合会考核标准，申请者必须掌握本市高、中、低档的餐厅各 5 个，娱乐场所、酒吧 5 个（小城市 3 个）。

（8）能帮助客人购买各种交通票据，了解售票处的服务时间、业务范围和联系人。

（9）能帮助客人安排市内旅游，掌握其线路、花费、时间、价格、联系人。

（10）能帮助客人修补物品，包括手表、眼镜、小电器、行李箱、鞋等，掌握这些维修处的地点和服务时间。

（11）能帮助客人邮寄信件、包裹、快件，懂得邮寄事项的要求和手续。

（12）熟悉本市的交通情况，掌握从本酒店到车站、机场、码头、旅游点、主要商业街的路线、路程和出租车价格（大约数）。

（13）能帮助外籍客人解决办理签证延期等问题，掌握有关单位的地点、工作时间、联系电话和手续。

（14）能帮助客人查找航班托运行李的去向，掌握相关部门的联系电话和领取行李的手续等。

二、岗位职责

（1）全方位满足住店客人提出的特殊要求，并提供多种服务。

（2）协助大堂副理处理酒店各类投诉。

（3）保持个人的职业形象，以大方的仪表迎送每一位宾客。

（4）检查大厅及其他公共活动区域。

（5）协同保安部对行为不轨的客人进行调查。

（6）对行李员工作活动进行管理和控制，并做好有关记录。

（7）对进、离店客人给予及时关心。

（8）将重要事件记在交接班本上，每日早晨呈交前厅部经理。

(9) 控制酒店门前车辆活动。
(10) 对受前厅部经理委派进行培训的行李员进行指导和训练。
(11) 在客人登记注册时，指导每个行李员帮助客人。
(12) 与团队协调关系，使团队行李顺利运送。
(13) 确保行李房和酒店前厅的卫生清洁。
(14) 保证大门外、门内、大厅三个岗位有人值班。
(15) 保证行李部服务设备运转正常，随时检查行李车等。

项目五　大堂副理

案例导入

案例一

一天早晨，某大酒店办公室主任接到报告，一部电梯的轿厢出故障停在了10楼与11楼之间，里面有两位客人受到惊吓。他马上打电话给尚未上班的总经理。总经理指示说：通知工程部经理迅速派人检修，查明原因，并要求大堂值班经理立即赶到现场，妥善处理客人后续事宜。

由于寻找大堂值班经理用了一些时间，在大堂经理尚未赶到现场时，两位受惊的客人已直接找上门来了。

“您早，先生！您早，小姐！”办公室主任面带笑容，很有礼貌地迎上前打招呼。

“你是……”男客人的声音比在总经理室门外时压低了一些。

“请两位这边坐。”办公室主任没有直接回答，而是先领客人到隔壁会客室，请客人在沙发上坐定。

“你就是总经理？”客人望着年轻的办公室主任，将信将疑地问道。

“请用茶！”办公室主任招呼客人用茶，仍不做正面回答。

“如果你是总经理的话，我就对你说吧。”客人还想试探一下对方的身份。

“小姐，请用茶！”办公室主任顾左右而言他地招呼在一旁没有作声的小姐。

“你们是怎么搞的，该死的电梯把我们关在里面这么久！”客人开始投诉了，“我花了钱住酒店，不是花钱买倒霉的。我拒付房金。”

“电梯出故障，虽说是偶然，但当然是我们酒店的责任，我先向您两位表示歉意。”办公室主任边说，边为客人斟加了茶。

“道歉有什么用？我还是要拒付房费，我们的性命都差点给丢了。”客人用日语对身边的小姐叽咕几句。

“先生是日本人？中国话说得不错嘛！”

“Half Japan（ese）”客人冒出一句英语。

“先生挺风趣，‘半个日本人’。”

“是呀。我母亲是中国人，我父亲是日本人，我小时在东北外婆家长大的。”

“噢，您是第一次来上海吗？”

“当然是第一次。到了上海生意还没有谈，就碰到不顺心的事，几家五星级酒店都客满了，只好住你们这家四星级的，倒霉的事今天又让我给碰到了。”

“想必您听说过我国有句古话叫作‘好事多磨’，我可要祝福您交好运呢。”办公室主任做着祈祷的手势。

“什么意思？”客人有点好奇不解。

“我不相信迷信，但我却相信‘好事多磨’的话。您未住进五星级酒店，却能住我们酒店，真使我们感到荣幸。我店的电梯是日本三菱的，使用七年来，没出过一点故障，今天让您两位受惊了。我想，先生您的生意肯定会谈得很成功。”办公室主任说得像真的一样。

“是吗?”客人的情绪到此时已完全变得正常了。

“当然啦，我国还有一句古语，叫作‘大难不死，必有后福’，虽然电梯出故障，我们要承担责任，但先生小姐有‘后福’我也该祝贺呀。”

“你真会讲话。”客人笑了。“托你的‘口彩’，生意如果谈成功，一定忘不了你。”

“您两位有没有受到点小伤什么的?”办公室主任关切地询问。

“伤倒没伤着，就是……早餐到现在还没有用呢。”客人似乎没有什么可说的了。

“噢，非常对不起，我耽误你们用餐了。”办公室主任站了起来说：“很抱歉，我还没有自我介绍呢。我是总经理办公室主任，等总经理来了以后再请他拜访您两位。”

“不必了，你的接待使我们很满意，我也不是不愿意付房金，不过碰到这种不顺心的事，在气头上说说而已。”

办公室主任送客人到电梯口，打招呼道别。客人用完早餐一进客房，看到一份水果和一份总经理签名的道歉信已放在台上。男客人看着信，满面笑容地对女秘书小姐说了些什么。

案例二

一天中午，某酒店的中餐厅客人很少，12:10左右，直对着中餐厅门口的右电梯门打开后，从里面出来了一位四十岁左右的中年男人，迎宾员小王看到后，立即上前问好：“欢迎光临，蔡先生，中午好！就您一个人?”这位被称作蔡先生的人微笑着对小王说：“小王好啊，就我一个人，今天，给我准备了什么好吃的?”小王立刻回答：“蔡先生，今天中午有您最爱吃的烙馍卷螺丝；我们知道您的胃不好，特地为您做了您最喜欢喝的萝卜养胃羹。”蔡先生一听特别高兴，“好啊，好，谢谢你了!”

用完午饭后，小王把电梯门打开，问蔡先生到几楼，蔡先生说我就住在三楼，小王微笑着将蔡先生送进电梯，向蔡先生道别后，又回到了紧张的工作岗位。

但在工作岗位上，小王心里却惦记着一件事：蔡先生很少住客房的，一般都是用完餐就走的，这两年在酒店餐饮消费都有了十几万元，对于这样一位客人，酒店提供的应是VIP服务，而他现在住的是酒店最普通的楼层——三楼，这应是我们工作上的失误。迎宾小王立刻通过主管打电话给营销部，经查实，酒店总服务台并没有该客人的客史档案，加之，这几天住宿比较紧张，就将客人安排到了普通楼层。

在有关部门的协调下，由小王打电话征求蔡先生的个人意见，蔡先生表示感谢，他在电话中说就不给酒店添麻烦了，住到明天上午就要走了。但小王对此并没有放弃，经请示后，她将一盘精美的水果送到了蔡先生所在的房间，并再次询问蔡先生第二天的饮食安排。这些使蔡先生非常感动，之后他改变了一直住在其他酒店的习惯，而将吃、住都放在了小王所在的酒店。而迎宾员小王在蔡先生走后，立即将自己整理的蔡先生的客史档案交到了总台，由总台通知水吧和其他部门，从此从门童到内勤人员都知道了蔡先生——这位从满意酒店到对酒店忠诚的顾客。

任务一 大堂副理的素质要求及岗位职责

一、岗位职责

（一）处理客人投诉

基于使客人满意又能维护酒店利益的立场，礼貌且有技巧地处理客人投诉，接纳客人的评论及建议。必要时，向有关部门或员工调查事情经过。将所有投诉及调查结果记录于“大堂副理日志”，供管理人员参考。

（二）处理意外事件

（1）熟悉治安及安全工作程序，在紧急事件中做出正确决断。

（2）酒店内外发生意外事件时，应立即赶往事发地点，并协同保安部及各相关部门妥善处理。

（3）迅速采取有效措施，保证酒店客人及员工的安全。如有必要，立即报告管理人员。

（4）如有酒店客人或员工受伤或患急病，应与酒店医生保持密切联系，以便决定是否将患者转送医院。转送医院的客人应该派一名酒店保安随行，送医院的员工应该由其部门同事陪同。

（三）防火及消防

（1）确保一切消防设施保管良好，严禁任何部门挪用。

（2）巡视酒店各部位，保证消防通道畅通。若有任何阻塞之物，应通知有关部门立刻清除。

（3）与客房部协调，在客房内禁止使用未经许可的电器或者出现焚烧物品等事件。

（4）一旦接到火情讯号，立刻赶往现场，查明情况，若确属火警，应根据酒店“防火行动措施”采取果断行动。

（四）登记式保管客人遗留物品

（1）收到酒店内所拾到的遗留物品后，马上通知客房部；若属于贵重物品，应呼叫保安与其共同清点，并做好记录。

（2）设法联系失主。若联系不上，可以按照物品类别做以下处理：①贵重物品，如现金、珠宝首饰、金器等，保存在保险箱内；②旅行证件，如护照、身份证等，将证件送至所属派出所，但拾到当日应放置在大堂副理处，以便失主认领。

（3）非贵重物品存放在失物招领处，并做好记录。

（五）处理客人损坏或带走酒店财物

接到客房部的报告后，与客房部再次核实，根据具体情况及客人类型，可以参照酒店物品价格清单，决定赔偿金额。交涉过程中一定要保持礼貌，并且有技巧地沟通，确保客人在离店前付清赔偿金。

（六）接待贵宾（VIP）抵达及离店

时刻注意当天到达的贵宾或重要团队的安排接待，与前台接待处、客房部及餐饮部协调交通、房间、预先登记、房间赠品及其他相关事宜，仔细检查贵宾登记记录本。

在贵宾将至时，最后一次检查为其安排的客房，保证房内所有布置符合要求，在酒店正门迎候贵宾，并以最好的礼节将客人领至客房。

（七）夜班大堂副理职责

夜班大堂副理代表酒店管理层监督协调酒店夜间的所有运作，同时应保证酒店内所有人员的安全，在紧急时做出果断正确的决定，遇到较大事件或者超出本身权限时，立即通知值班经理。

二、内部合作

（一）协调沟通

大堂副理功能之一是与酒店其他所有部门合作。为了能各司其职，各位大堂副理相互之间应力求达到良好的沟通与合作，以形成一个强有力的集体。

（二）与客房部合作

与客房部协调好叫早服务，处理及联系 DND 房间；发现房间门未关时，及时联系楼层服务人员查看情况；处理客房遗留物品等。

（三）与保安部合作

夜班与保安进行巡逻、安全检查，如果房间内发生盗窃案等犯罪行为，立即查看、协调，处理酒店内发生的扰乱公共秩序事件，处理滋事者。

本章小结

本章针对酒店前厅部门中日常工作的岗位做了详细的介绍，各个岗位虽然有独立的工作职责和工作内容，但是大部分岗位的工作是相互交叉的，只有熟悉好每一个岗位的工作任务，才能使整个部门运转更加流畅。同时，部门之间的工作岗位职责也应该熟练掌握，成为一专多能的复合型人才。

情景实训

实训　将班内的同学分成 3 组，分别完成以下情境：

1. 机场代表到机场接待宾客。
2. 门童店门迎接自驾到店客人。
3. 行李员将一家三口及其行李送至房间，并为其介绍房间的设施和酒店的服务。

课堂讨论

1. 客人驾车到酒店，车上有 4 个人，但是只有一个门童在时，要如何应对？
2. 客人在前台办理入住登记的时候，要求你帮忙照看小孩，这个时候你应该如何做?

3. 将客人行李送回到房间，客人执意要给你小费时，你要怎么做?

英文词汇与术语

1. 礼宾部 concierge
2. 门童 doorman
3. 行李生 bellman
4. 司机 driver
5. 导游 tour guider
6. 行李 luggage
7. 行李箱 suitcase
8. 手提箱 briefcase
9. 包 bag
10. 行李牌 luggage tag
11. 行李车 luggage trolley
12. 行李房 store room
13. 行李架 luggage rack
14. 行李寄存 keep \ leave
15. 雨伞 umbrella
16. 贵重物品 valuables
17. 易碎品 fragile objects \ breakable tings
18. 保险箱 safe deposit box
19. 自助早餐 buffet breakfast
20. 洗手间 toilet/ WC/lavatory
21. 火车站 railway station
22. 贵宾车服务 limousine service
23. 五星级酒店 five-star hotel
24. 电梯 elevator/ lift
25. 机场 airport
26. 小费 tip
27. 接机服务 pick-up service
28. 送机服务 drop off service

模块六 前厅管理人员

学习目标

知识目标

- 了解前厅部经理、副经理、领班的工作职责和素质要求；
- 了解前厅部管理人员处理紧急事件的顺序；
- 熟悉前厅部门管理人员。

技能目标

- 能够合理地将员工安置在适合的岗位；
- 能够巧妙地化解员工在工作过程中产生的消极情绪；
- 能够合理地与员工沟通交流。

实训目标

- 通过实训项目演练，使学生能够熟悉酒店管理层的工作内容；
- 通过观看视频和与经理人对话，了解经理人的晋升过程。

项目一　前厅主要管理人员及其素质要求

案例导入

5月的一天，酒店前台预订部收到旅行社的预订单，在预订单上有一对新疆维吾尔族、信仰伊斯兰教的顾客——买买提夫妇，他们是旅行结婚。

预订部立刻将这件事通知了客房部和其他有关部门。客房部马上召开了例会，大家一起分析了伊斯兰的习俗，并安排服务员开始着手准备迎接工作。按照伊斯兰的习俗，前台服务员将坐东朝西的205房安排给他们住，并在房间内专门配备一块小毛毯，供顾客做宗教朝拜用。酒店原来有专门提供给新郎新娘的蜜月套房，但这不太符合伊斯兰教的婚礼习俗。客房部按照顾客的习俗又重新布置了205房，房间里换上了红色的窗帘，并且选用了波斯风情的地毯，墙上挂上了穆斯林挂毯，并将原来的白色床单、被罩和枕套换成有穆斯林特色的花样和颜色，还尽量在客房布置了一些符合伊斯兰结婚习俗的装饰品。

由于穆斯林教徒每天都要定时朝拜，客房服务人员还专门为买买提夫妇准备了一个时钟，将当地时间转换成穆斯林圣地“麦加”的时间，并且每天定时鸣响五次，提醒他们按时祈祷。同时，客房经理和服务员还了解和查阅了有关资料，用伊斯兰教的教规特有的语言写了一张婚礼祝福卡，摆放在桌子上。

因为酒店没有设清真餐厅，客房送餐人员还专门在酒店外的清真饭馆为他们订购了一些穆斯林特色的菜肴和食品。

买买提夫妇如期来到了酒店。一路上，他们一直忐忑地祈祷有用品、装饰品和清真菜。然而到了酒店后，他们看到专门为他们准备的新房和做祈祷的用品时，非常满意，所有的担心都不存在了。当看到酒店为他们写的新婚祝福卡时，他们为酒店提供的如此真诚、细致的服务而感动；当他们吃着酒店为他们准备的清真菜时，他们心悦诚服地对酒店给予了最高的评价。

一个星期之后，买买提夫妇准备到其他地方旅游。临走的时候，他们在留言簿上留下这样一句话：“在这里住就像在家里一样，如果有机会，我们将在庆祝结婚纪念日时，再次经历这些美好的日子。”

案例解析

酒店充分了解顾客的宗教需要，认真按顾客的需要来改变原有的产品和服务以适应他们的需要，因而受到顾客的赞扬。本案例中酒店的管理和服务人员及时准确地了解到来店的顾客——买买提夫妇的特殊身份，根据他们的这些习俗精心地准备、设计了一系列符合他们宗教要求的产品和服务，如提供坐东朝西的房间、朝拜用的小地毯、宗教食品等。这样的产品和服务，让他们深刻地感受到酒店真诚为顾客的服务理念，从而提高了对酒店的满意度，而且，也培育了他们对酒店的忠诚度。

任务一　前厅部管理人员

酒店前厅的工作繁重，容易产生情绪，但又千万不能有情绪，要能忍一时之气，方能除百日之忧。酒店要为前厅的员工创造一个良好的环境，员工才会有个好心情。员工有了好心情，酒店才会有好形象，才会有优质服务。

一、前厅部经理

（一）素质要求

（1）酒店管理、旅游管理或管理学等相关专业专科以上学历。

（2）受过专业英语、旅游或酒店管理专业等方面的培训。

（3）有5年以上前厅部工作经验，有三年以上四星级（或以上）酒店同岗位从业经验者优先。

（4）有酒店前厅部规划和实操经验。

（5）熟悉国家旅游或酒店管理的相关规定。

（6）英文口语及书写流利，熟练使用相关办公软件。

（7）能独立组织员工活动。

（8）熟悉前厅管理的各项操作流程。

（9）公寓管理理论基础扎实，具有良好的沟通能力及自我激励，具备良好的团队合作精神，易于接受新变化和新思维。

（二）岗位职责

（1）对店长负责，及时完成店长交办的各项工作任务。

（2）主管前厅部业务运转，协调前厅各部门的工作，负责指定前厅各项业务指标和计划。

（3）每天检查有关的报表，掌握客房的预订销售情况，并负责安排前厅部员工班次和工作。

（4）掌握每天客人的抵离数量及类别，负责迎送、安排 VIP 客人的住宿。

（5）严格按照前厅各项工作程序，检查各岗位员工的工作情况。

（6）督导部门员工的培训工作，负责部门中基层管理人员的专业知识培训。

（7）与客房部和财务部密切合作，确保住店客人入账、结账无误。

（8）做好与销售、客房、工程等部门的协调配合工作，共同提高服务质量。

（9）负责监督营业报表，并进行营业统计分析。

（10）负责处理和反映跑账、漏账等特殊问题。

（11）收集客人意见，处理客人投诉。

（12）主持召开前厅部管理会议和全体员工会议，准时参加公寓组织的各种会议。

（三）工作内容

（1）会议。

- 例会。
- 每周一次的工作总结会。
- 每周一次的质检会议。
- 每月一次经营分析会。
- 每月一次部门总结分析会议。

（2）主持部门一周的工作指令会及每天晨会信息的传达。

（3）主持部门有关的突发性会议。

（4）每日工作检查。

- 当日预计到店客人的订房情况。
- 当日到店的重要客人的准备情况。
- 当日到店的会议或团队客人的准备情况。
- 每日营业分析表、综合分析表、客源分析。
- 今后一周的客房预订情况及公寓新促销活动实施。
- 了解各类系统数据，检查前厅部所使用的各类系统操作的运作状况。
- 检查每日各岗位的交接班记录。

- 检查每日宾客意见收集报表。

（5）巡查。

- 了解各岗位交接班情况和员工到岗情况。
- 检查各岗位当班员工的仪表仪容、服务姿态等，发现问题及时纠正。
- 检查当日预计到店宾客的钥匙卡准备情况。
- 宾客进出高峰时间，深入现场督导，并检查前台岗位当班人手安排情况。

二、前厅部副经理

前厅部副经理的直接上级是前厅部经理，直接下属为前厅各组主管。

（一）岗位职责

（1）协助前厅部经理管理前台的各项日常工作，当前厅部经理不在时，代行其职，保证前厅部各环节的正常运转。

（2）检查前厅部各部门工作（包括仪表仪容、工作表现等），向前厅部经理提交报告。

（3）及时处理客人投诉并及时反馈。

（4）对 VIP 的接待工作予以关注。

- 根据报告，检查当天的到店情况，确认其特殊要求是否已准备好。
- 检查 VIP 房间及鲜花、水果、刀叉等是否准备好。如发现房间等有差错，应及时通知有关部门。

（5）处理超额预订问题。

（6）检查酒店的后台工作（夜班），大厅和客人活动区域，包括门外停车区。确保检查过的每个区域没有问题（如发现有意外情况，及时与有关部门联系并记入交班本中）。

（7）与保安部配合，对可疑客人加以控制。

（8）报告并记录酒店内的一切异常情况。

- 事故报告必须在同一天内呈送前厅部经理及有关部门经理和酒店领导。
- 如有财产物品丢失或人员伤亡，形成报告及时通知客人并索要费用。

（9）亲自培训员工。

（10）与电脑部经理协调配合，保证计算机系统的正常运作。

（11）执行前厅部经理或管理部门交给的其他任务。

（二）素质要求

（1）头脑灵活，反应快。

（2）熟悉前厅部、客房部、销售部工作，略懂餐饮、工程、财务等知识。

（3）英语水平较高，能用英语处理日常事务。

（4）了解市场状况，掌握酒店经营及管理动态。

（5）了解旅游景点及娱乐等方面的知识和信息。

（6）善于处理各类投诉。

（7）具有协作精神。

（8）善于交际，风度优雅，谈吐大方。

三、前台主管

前台主管的直接上级为前厅部副经理，直接下属为领班。

（一）岗位职责

（1）协助前厅经理检查和控制前厅的工作程序，全面负责前厅的接待和问询等日常工作，督导员工为客人提供高效优质的服务。

（2）主持前厅工作例会，上传下达，与相关部门做好沟通、合作与协调工作。

（3）随时处理客人的投诉和各种要求。

（4）每天检查员工外表及工作情况。

（5）对员工进行培训并进行定期评估。

（6）下班之前与预订部核对当日及次日的房态。

（7）检查有特殊要求客人的房间并保证这些特殊要求得到关照。

（8）及时申领物品，保证前台有足够的办公用品。

（9）协助大堂副理检查大厅卫生，陈列酒店介绍等宣传品，并在用餐时间，临时接替大堂副理的工作。

（10）按要求每月制作有关报表并送至公安部门。

（11）完成前厅经理或其他管理部门所交给的任务。

（二）素质要求

（1）思维敏捷，具有协作精神。

（2）熟悉本部门的各项工作程序和标准。

（3）具有一定的计算机软件知识，熟练打字。

（4）五官端正，口齿清楚，气质高雅。

（5）英语口语良好。

（6）有三年以上国际酒店前台领班工作经验。

（7）能够适应超时工作。

四、前台领班

前台领班的直接上级为前台主管，直接下属为接待员。

（一）岗位职责

（1）协助主管的日常工作。

（2）检查、督导前台员工按照工作程序和标准为客人提供优质服务。

（3）对客人的要求及投诉要尽最大努力答复并重视，遇到不能解决的问题及时报告主管。

（4）确保入住登记单详细、准确、清晰、符合有关部门的规定。

（5）通知有关部门关于到店房、换房、VIP 房和特殊安排房等情况。

（6）每天检查和准确控制房态。

• 每日定时（9:00、16:00 和 23:00）根据客房部提供的房态表核对房态。

• 每天定时（12:00、17:00 和 22:00）认真检查已结账的房间是否已从计算机系统中销号。

• 如有换房或调价，应记录存档。

（7）详细记录交班事项，如有重要事件或需下一班继续完成的事情都应详细记录，并在交班时签上自己的名字。

（8）确保所有的信件、邮包和留言的发送、存放、记录、存档无误。

• 每天 10:00、12:00、16:00、21:00，检查邮件、信件、留言。

• 若发现有未送出的，应及时通知或检查留言登记。

（9）遇特殊情况，如客人不能按期到达、延长住房日期、提前离店、投诉以及其他紧急事件，若处理不了要及时上报主管或大堂副理。

（10）完成经理分派的其他工作。

（二）素质要求

（1）五官端正，气质高雅，口齿清楚。

（2）了解旅游景点及娱乐等方面的知识和信息。

（3）能够进行熟练的打字和计算机操作。

（4）有良好的英语口语水平。

（5）两年以上酒店前厅工作经验。

（6）有一定的管理能力。

（7）性格活泼，思维敏捷，理解能力和自控能力强，善于应变。

项目二　管理人员的管理方法及技巧

案例导入

这是一家正式开业已近10年的“老牌”三星级酒店。酒店的盛总经理多次到境外考察国外一流酒店，搬回了许多“洋”经验。他结合本店的市场环境、客源结构和员工特点等具体情况，把“洋”经验融合到本店的经营管理中去，致使酒店在全市同行业中一直居于龙头地位。

盛总从国外带来的诸多经验中，最显成效的当推各种管理表格。酒店内人员大多从原来的国营招待所调来，开业初他们不熟悉涉外酒店的管理模式，随着一批批外国宾客的下榻，许多原先料想不到的问题一个接一个地出现。酒店领导层逐渐意识到管理与国际水平接轨的紧迫性。大量表格的运用，使原先无序的管理慢慢走上科学管理的规范化轨道。酒店刚开业不久，客房部有个素质挺不错的服务员，由于批评领班小李检查工作随心所欲，没有质量标准，凭情绪或个人好恶妄加评语而遭到报复，一气之下离开酒店。这个小伙子走时给盛总留了一封信，在信的末尾，他写道：“我爱我们的酒店，我衷心希望它能迅速赶上北京、上海等大城市同星级酒店的管理水平，但我只是名普通员工，我无力做到这一点。我想酒店的领导一定能做到。”

这封信对盛总的触动很大，正是受到了这样的鞭策，他才带领酒店几名主要骨干走南闯北，虚心请教国内同行，并走出国门学习国际酒店先进的管理方法。

自从大量标准化、制度化管理的表格被引进酒店并用于日常管理工作之中以后，酒店的面貌改观较快，特别是无序管理、无度考核的现象很快被程序化、制度化、科学化的规范管理所取代。年后，小李已经升为主管，但他的管理却没有及时跟上，在日常工作中仍不时暴露出违背科学的管理作风和习惯。

某天下午，客房部华经理按制度抽查房间，先来到3楼的一间套房，进门便看到电话线呈卷曲状。他抽出那张该由主管在中午抽查后填写的表格，上有“一切正常”的结论，还有小李的亲笔签字；在同一套房里还发现窗帘掉了一个帘扣。华经理神色严肃地走到5楼朝南的一个标准房，那也是主管今天抽查的8个房间中的一个。这儿的问题更大：茶几上的火柴盒面朝下；桌上的《服务指南》没有合上；一张床没有摆正，一边歪了2厘米左右；最严重的是少放了一条浴巾。而抽查表上又赫然写着“一切正常”，也有小李主管的签名。

华经理一气之下把8个房间都检查了一遍，结果每个房间里都发现了一些质量问题。班后，华经理召集紧急部门会议，通报了客房检查情况，并做出决定：对小李主管扣罚当月资金，口头严重警告，责令其认真做书面检查，并在店内通报，一个月内如再犯同类错误，将撤销其主管职务。

案例解析

酒店的管理主要是通过各种制度与规范，将各项工作科学地组织起来，有秩序、高效率地搞好对客服务，完成预订的目标。因此酒店在日常工作中要及时掌握情况，制订、检查和调整各种计划和管理措施。所有这些都离不开表格管理。严密的管理体系的作用，就在于它能使各部门、各工种以及管理人员之间的工作无声而准确地协调和运转。管理人员和服务人员的每一项工作都必须填制必要的表格，并通过表格管理系统督促各个部门及所有人员按服务标准和服务程序办事，检验其管理水平和服务质量。本案例中客房部管理存在的诸多问题，正是通过引进表格管理系统而逐渐暴露出来的。

从本例可以看到，在过去几年里，该酒店的管理工作至少存在两方面较为严重的问题：第一，小李领班经过几年已提升为主管，而她的管理理念和作风没有及时跟上，显然这是论资排辈的产物，有悖于现代人才资源开发的原则。

第二，该酒店虽然逐渐引进了一些规范管理所必需的表格，但没有及时向各级员工灌输相应的理念和思想，致使连主管都不清楚“质量是酒店一切工作的生命线”这个最基本的道理。另外，这位小李主管敢于敷衍塞责，随便签名，不仅说明她不具备管理人员的基本素质，而且说明客房部的管理本身也存在许多问题。客房部的清洁卫生质量差，光处罚新主管是不够的，因为根子在客房部经理身上（如果华经理是新到的除外），否则，这位新主管是怎样提升上来的？客房卫生质量差肯定不是突然出现的问题，而客房部经理在以往的几年中却一直没有察觉。客房部管理与运行情况由此可见一斑。

但这家酒店毕竟在进步，全面推广表格管理即是一个例证，他们在实践中逐渐强化表格管理的作用，表现出要与国际先进管理模式接轨的决心。

目前我国大多数酒店都已有了不少规章制度，但在质量检查方面仍存在诸多问题，随心所欲、标准不一的情况时有所闻，而采用表格管理，有助于各部门、各岗位尽可能地明确操作规范与质量标准；有助于消除各级员工的惰性和侥幸心理；有助于稳定酒店的服务质量。这一点已为广大酒店业管理人员的实践所证实。

任务一　树立威信

“威”，来自两个方面：一是上级给予的；二是自身的素质能力、品质争取的。上级给予的是“权”，自身争取的是“信”，二者的有机结合是“威”。一个领导者，既然被赋予了权力，就应该努力钻研权力的正反结合之道，明白阴阳的变化之理，弄清左右环境，摆正自己的位置，做到因人而异，因事而变，抓大放小，刚柔相济，轻重适宜，张弛有序，如此一来，才能使你的员工按照统一的号令行事，即使你不在场，也能让他们感受到权力的作用，使团体的每一个程序都能得到正常和有力的运转。

一、以严树威

要想做好管理工作，必须树立威信，而树立威信的第一要素，就应该是“严”。严，就是要求。经理、主管对自己要求要严，凡事从我做起。对员工要严格要求，事无巨细，要严肃认真，一丝不苟。

（1）小事也要严格要求，威信是由一点一滴树立起来的。下命令是自由的，被命令的人就没有那么自由了。要求部下必须遵守，就必须具有足以让员工心服口服的理由才行。这样的威信只有靠平时一点一滴才能树立起来。

（2）与员工保持距离，可以避免员工之间的嫉妒和紧张。上司与员工保持距离，具有许多独到的驾驭功能，可能避免员工之间的嫉妒和紧张，减少员工对自己的恭维、奉承、送礼、行贿等行为，可避免对自己所喜欢员工的认识偏颇。“近则庸，疏则威”。

（3）不和员工做铁哥们儿，有利于发挥群体的积极性。

（4）符合身份的言行可以增加你的威严。主管要保持自己的威严，在无形中形成员工对你的尊敬之意，会为你的工作开展创造有利条件。在公司里，要让别人一眼就能瞧出谁是员工，谁是领导，否则，你就是失败的。领导讲话要一是一，二是二，坚决果断，切忌含糊不清。多思考，少说话。

（5）“喜怒不形于色”。这样更有利于控制员工。把自己的思想感情隐藏起来，不让别人窥出自己的底细和实力。压抑个人的感情，以冷静客观的态度来应付事情。

（6）良好的行为方式能增加权威。行为是无声的语言，行为有时比语言更能表现你的权威。

（7）带头出业绩，比发号施令更有威力。做出更大的业绩，用业绩说话，以业绩树权立威。先制定一个总体规则，然后明确任务，自己带头执行，并在一些具体工作中做出榜样，以自己做出的业绩说话，同时也让员工们明白，上下级关系并不是全靠职务或权力，更要靠自己的能力，靠自己为公司所做的贡献大小来评价。员工最讨厌光说不做，领导者注意给员工做出榜样，权威自然会有。

二、以德树威

“德”是做人的准则，作为企业主管，更应该重视“德”的修养。

（1）宽厚仁德的品质，更能使员工真诚地服从。有好名声，才有好威信，才能做到众望所归。只有顾及员工对自己的品质评价，在员工前面，树立一个仁义、宽厚的形象，才能更好地树威立权，做到取信于“民”。

- 努力收放自己的大脾气。
- 专权独裁不可取。
- 勇于认错、改错。“小过不掩大德”。

（2）以身作则，将使员工自然服从，“身先士卒，率先重犯”，永远会唤起员工的尊敬感。群众期待的上司，是在非常时期能够表现得与众不同且能够做出决定，迅速敏捷地采取行动，只有这样的上司才能强有力地支配部下。

（3）尊敬他人，可以给下属良好的印象。“上司如此看重我们，我们更应做好工作。”

（4）公平无私，是获得下层钦佩的法宝。公平、无私是公司管理中的规则，无私才能扬威，才能使自己在员工中树威立权。公平、无私是考虑问题时绝对不可考虑自己的利益所在。

（5）主动承担责任，会赢得员工信任诚服。上司决策失误是难免的，双方都要考虑到责任，都会自然产生一种推诿的心理。把过错归于员工或怀疑员工的办事态度和能力，极易失人心，失威信。如果是员工过失，而你却责备自己指示不利，变批评错误为主动承担责任，会更令员工敬佩、信任、感谢你。

（6）宽厚容人，会使员工觉得你更有领导风度。尽力排除以往感情上的障碍，自然、真诚地帮助、关怀员工。不要流露出勉强的态度，不能在帮助的同时批评员工。原则之外“得饶人处且饶人”，很快忘掉不愉快，多想他人的好处，才能团结、帮助更多的员工。

三、以威树威

（一）营造循规蹈矩的环境，可以提高员工遵纪守法的观念

为了促成遵守纪律自觉性的好习惯，你应采取以下几点明确的措施：

（1）广泛宣传。

（2）保持镇定（自己不能失控）。

（3）调查了解（搞清发生了什么事）。

（4）私下处分。

（5）一视同仁，在相同条件、相同的情形下，采用同一种处罚。

（6）坚决，公正。

（7）消除怨恨。处分的目的在于教育，而不是惩罚，帮助员工消除苦恼和怨恨。

（二）软硬兼施，有助于强化法令的威严

一般人的本性是喜欢奖赏，害怕惩罚。奖赏是正面强化，立足于正面引导，使人自觉地去行动，应多用。而惩罚属于反面强化，是通过威胁、恐吓的方法进行的，容易造成对立情绪，故慎用。强化激励，可以获得上司所希望的行为，要做到“赏不逾时”，一种行为刚刚做出，人们对其感触较深，应立即予以表扬和奖赏，刺激较大，激励作用较强，做领导的应多动脑筋，多搞花样。对违反规章制度的人进行惩罚，必须照章办事，来不得半点仁慈和宽厚。西方称之为“热炉法则”，它具备即刻性、预先警告性、适用任何人、彻底贯彻性。管理者必须兼具软硬两手实施，坚决果断，赏罚分明，如果优柔寡断，瞻前顾后，就会失去原有的效力。

（三）技巧地使用批评和惩罚手段，可以增强威慑力

“打一巴掌”很重要，但一定要“打得响，打得绝”，要“稳、准、狠”。“稳”，惩罚一人就要对其背景和表现多加考虑，慎重行事。“准”，指批评直接干脆，直指其弱点，直刺痛处，争取一针见血。“狠”，即一旦认准时机，下定决心，便出手利落，坚决果断，毫不留情，冷酷无情，向众人显示我是完全正确、适宜的，毫不后悔，充满信心，这是最好的选择。

（四）不怕扮黑脸，有利于提高威信

工作中不怕扮黑脸，否则只会左右为难，左右不是人，处处陷阱，一事无成。当然态度诚恳最重要。

（五）对事不对人，使员工认为你办事公正

在行施暴风骤雨般处罚手段之后，通过一次和风细雨的谈话，有劝说、有疏导、

有勉励，才能使员工心服口服，才能让他的脑筋转过弯来。

四、以公树威

在进行管理活动中，主管会经常为员工们调解纠纷、解决矛盾，在这些事情的处理中，是否出于公心，处理得是否合情合理，都直接反映了管理者的管理水平，影响着管理者的自身形象。

（1）尽可能满足下属的需要，可以赢得下属对你的信赖。领导者要善于发现和研究那些下级关注的中心，并抓住中心问题，最大限度地满足下属最迫切的需要，从而调动下级的积极性。

（2）一视同仁，不对下属感情用事，可以显得你更有“公心”。

（3）廉洁奉公，摆脱“馈赠”的绳索，你开展工作就不会受制于人。而无功受禄，往往容易上当，掉进别人设下的圈套，从而受制于人。

（4）莫对某下属另眼相看，否则你在员工中的整体形象就会发生倾斜。凡是对一些人有偏见的上司，对另一些人则会另眼相看，一定要给员工一种公平合理的印象，让他们觉得人人都是平等的，机会也是均等的，他们才会奋发，才会努力。

五、以信树威

“取信于民”是每个上司开展工作的基石。

（1）不轻易许诺，你也不会轻易失信于人。

（2）慎重表态，可以提高你的领导权威。领导者稳重大方，持重练达，不论讲什么话，表什么态，都要坚持原则，不能无原则地乱做评论。

（3）不开空头支票，是保证你不在员工中“食言”和“失信”的前提。

（4）说到做到，你的威望会自然而生。“说到做到，为官之道”。“言必行，行必果”，改掉信口开河的毛病，谨慎言行，自然会在员工中产生威望，政令也会畅通，公司上下秩序井然。

六、以权树威

权力是身为上司的特有属性，权力的实施，对上司来说是推进工作的基本手段，对员工来说是实现领导目标的必要保证，如何使用和驾驭权力是树立权力的关键。

（1）果断坚决，会使员工觉得你更有才识、有魄力。说话、做事干脆利落，不能犹豫不决、拖泥带水，这样才能维护自身威信，展示自身的才能、魄力，对维护领导形象尤为重要；否则会给人一种懦弱无能的感觉，也不会得到员工的信任，这样领导也不会有什么威信可言。对于重大决定，上司必须站在原则立场上，果断予以处理，当断不断，必受其乱。

（2）下达合理的命令，将使员工乐于合作，如何下达命令，反映出你激励员工的技巧。

①创造良好的气氛。在员工中创造自愿合作、尊重和理解的气氛，这需要通过友

善对待、秉公办事和强硬的管理来形成。

②下达合理的命令。应注意对某个人合理的命令也许对另一个不合理，下达命令应考虑员工是否有完成任务的能力。

③下达便于理解的命令。为了保证让员工听懂，要毫不犹豫地重复说过的内容，给员工提高的机会，最好的办法是让他们理解你想要做什么。

④选择准确的词句。以员工乐于接受的命令方式向他们讲述，尽可能采用建议、询问或指导的方式。

⑤解释命令中的“为什么”，如果他们理解了你为什么向他们下达命令，他们会比较自愿地投身进去，迅速完成任务。

⑥防止出现问题。切记你的职责是通过他人的努力来完成任务，只有正确地理解了你的指令，他们才能采取正确的行动。

（3）用建议的方式命令，可以使员工完成任务时，更具积极性、主动性和创造性。你想别人用什么样的态度去完成工作，就用什么样的口气和方式去下达任务。让部下去接受命令，主动地接受而不是被动地接受，变“你要他做的事”为“他自己要做的事”。

（4）让员工站着听，命令的效果会更加显著。在指挥员工时，不妨要求他们采取某种形式使他们不得不专心听上司的话。在教导员工时，让他们站着听至少在形式上可以使员工处于被教导的地位，教导的效果也更为显著。

七、以情树威

人情是相互间建立良好关系的润滑剂。以情动人贵在真诚待人，“路遥知马力，日久见人心”，大多的人情投资需要较长的时期才能结出果实。

（1）以心换心，以情动情，企业的凝聚力和向心力就会大大增强。感情作为联系人际关系不可缺少的纽带，存在于上司与下属的被领导者之间，这种感情互相影响。想让员工理解、尊重、信任、支持你，首先应懂得怎样理解信任、关心和爱护他们。

（2）树立“以人为本”的理念，会使员工甘心情愿地为公司效力。上司要做好工作，必须和员工建立和谐、融洽的合作关系，如果把自己放在高不可攀的位置，制造神秘感，让员工仰视之，敬而远之，这绝对干不好工作。

（3）适当满足员工的需求，可使员工更愿意追随你。“浇树要浇根，带人要带心”，所有员工需要信赖他们的上司，他们愿意为那些了解他们职责、能做出正确决策和公正无私的人工作。

（4）尊重员工，会得到员工加倍的尊重。对待员工，要注意方法，不可忽视他们的自尊。

（5）恰当的赞美，能为员工注入力量。有两件东西比金钱更重要——认可和赞美。金钱可能是调动员工积极性的有力工具，但赞美更有力，它能唤起员工的荣誉感、责任感和自尊心。员工的价值得到了认可和重视，会产生“士为知己者死”的神圣感情，更加努力工作。赞美不但是一种最好的，而且是花费最少、收益最大的管理方法。上司在赞美时，注意多以非常公开的方式对员工进行表扬。赞扬员工要真诚和客观。个人可根据自身条件和所管理员工的现状，择机行事。

任务二　关心员工

关心员工不仅仅体现在对其生活的关心，而更多的是要关注员工的成长和发展。

第一，支持员工转岗、为员工制定职业发展规划。

鼓励员工敢说敢做，并且帮助员工实现理想。如果有员工表现出想要做经理人的意愿，不要盲目地判定其好高骛远，而是要帮助他。首先，与员工做好交流，告知其达到目标所需要的技能及时间，需要什么样的阅历，接受哪些培训等。帮助员工制定个人的职业发展规划，根据其特点给出相应的建议。这样会让员工觉得自己是真心被关注的，酒店是希望其个人有更好的发展和进步的，员工也会更加用心地做好自己的工作。

第二，招聘中量体裁衣，使每位员工找到适合自己的岗位。

给员工创造一个发挥自身价值的机会，而不是哪个岗位缺人，就把他指派到哪个岗位上去，这会使员工没有归属感。员工在适合自己的岗位上工作，更能发挥强大的作用和创造力，而且在服务过程中，也更多是出于真心，会使服务提升一个档次。

第三，在宾客冲突中维护员工的利益。

在酒店运营中，常常会遇到客人和员工发生冲突事件，如果是服务不当造成的，那毫无借口，肯定会处理员工，但如果是客人无理取闹，侮辱了员工，则要坚决站在员工这边支持他。遵循“顾客就是上帝”原则的前提是保障员工的权益。如果员工利益或者权益受到不文明顾客的侵犯，作为雇主的酒店方如果不站在维护员工利益的立场，结果就是失去员工的信任和忠诚。公开维护好员工的利益是体现关心员工的一个重要方面。

任务三　沟通技巧

中国酒店业虽然发展快速，但在酒店的日常管理中，也出现了很多亟须解决的问题。在这中间有一个问题是关系到酒店每个员工的，这就是员工的内部沟通。在竞争日益激烈的今天，酒店内部沟通具有日益重要的战略意义，那么酒店管理者如何做好酒店员工内部沟通呢?

一、酒店管理者沟通的重要性

沟通是指信息的发送者通过各种渠道或方式把信息传递给接受者，并使接受者接受和理解所传递信息的过程。有效和良好的沟通就像是润滑剂，酒店中人与人之间、部门与部门之间的有效沟通和交流不仅有利于建立良好的人际关系和企业氛围，提高员工士气，还有利于企业文化的形成，而形成统一的价值观和强大的凝聚力，能促使酒店更好地运营。有效沟通在企业管理过程中的作用越来越重要。在酒店行业，有高达97%的酒店人认识到沟通的重要性。

二、沟通的渠道

在酒店员工采用的沟通渠道方式中，面对面交流更为普遍，有84%的酒店人采取这一方式。面对面的沟通可以快速地互相激发思维并产生新的想法，一些问题也能很快得到解决。缺点就是讨论的内容不能记录下来，容易遗忘等。

除了面对面沟通，还有一部分酒店人会采用电话沟通、邮件沟通，分别占11%和4%。在线即时沟通的酒店人比较少，仅占1%。

沟通没有固定的模式，采取何种沟通方式还要依据不同的对象来选择，而且还要适应不同的沟通渠道。例如，对于管理者来说，鉴于网络技术已经成为80后的生活方式，运用年轻的下属们最为熟悉的沟通方式无疑是最好的，如QQ、微信等。而对于老员工，管理者不能完全改变他们，为了沟通的有效性，必须运用他们擅长的沟通方式，如会议、电话等。无论是哪种沟通方式，都要注意做好及时反馈。

三、个体差异易导致沟通问题

从酒店员工自身来说，由于每个人的地位、专业素质、经验、认知等的差异，在沟通过程中存在一定的分歧及矛盾也是在所难免的。从酒店角度来看，由于酒店金字塔型的组织机构，使得上传下达不通畅，同时酒店员工对于上级的心理障碍，上下级之间的距离被无形中拉大，给内部的沟通造成了一定的障碍。除了这一点，还有许多酒店管理者对沟通存在认识误区，忽视倾听的重要性，从而影响沟通的效果；酒店内部沟通渠道的不健全，缺乏制度保障也是令酒店内部沟通不能取得良好效果的原因。

员工不仅要与上级进行沟通，也会存在与下级、本部门同事间甚至跨部门的沟通，其中，跨部门沟通被酒店人认为是沟通障碍最大的一类。调查结果显示：有45%的被调查酒店对象表示跨部门的沟通存在障碍，32%的酒店人则表示与上级的沟通有障碍。由此看来，跨部门的沟通已经成了大多数酒店员工的“拦路虎”。

具体来看，酒店许多服务都需要不同部门的员工相互配合，共同协作完成。以前台为例，前台接待涉及了房务中心、销售部、工程部及保安部等部门，单靠前厅部一个部门是不能很好地完成接待任务的。部门沟通在酒店员工的日常中经常会涉及，因此如何解决跨部门沟通这一难题是管理者需要重点思考的，采用轮岗、交流等方式让员工了解不同部门或许有助于跨部门之间的沟通，减轻酒店员工内部沟通不畅造成的影响。

四、沟通不畅的影响

调查结果显示，29%的酒店人表示沟通不畅对自己的影响非常大；认为比较大的占31%，剩下40%的则认为有一定的影响。日常工作中，沟通无所不在。如果员工经常性地沟通不畅，将会引起很多矛盾，进而导致员工热情和积极性下降，感情不融洽、关系不协调，影响效率，甚至影响到酒店的正常运作。因此，酒店应不断进行双向沟通，增进员工关系，减少冲突。

当沟通出现问题时，有53%的酒店人会积极沟通，并听取他人意见；35%的酒店人进行解释，划清职责范围；少数人（8%）则是置之不理。当出现沟通问题时，如何正确地面对及解决是非常关键的一步。

在解决沟通方式上，每个人的方法或许会有所不同，但置之不理是最不科学的，这不仅会在一定程度上影响到自己的人际关系进而也会影响到别人的。那么如何解决酒店员工内部沟通问题呢？

（1）建立有效沟通机制。在酒店经营管理和日常事务中，由于人与人之间、部门与部门之间缺乏沟通和交流，常常会遇到一些摩擦、矛盾、冲突、误解。这将影响到气氛、组织的效率，使企业难以形成凝聚力，人为内耗成本增大，甚至导致企业死亡。因此，酒店文化建设的一个主要内容就是增进文化沟通。沟通的实现有赖于良好的机制，目前，有63%的酒店并没有沟通调节机制，有52%的酒店人希望酒店能够成立，11%的人则表示不关心；酒店有沟通调查机制的占37%，但能够发挥作用的仅8%。酒店应该多发展一些沟通渠道，除了正式的沟通渠道，如月会、周会、座谈会等，还可以增加非正式的沟通渠道，如电子邮件、周末旅游、小型聚会等。

（2）非正式沟通渠道有助于有效沟通。如何才能帮助酒店建立有效的沟通机制，29%的酒店人认为可以多增加非正式渠道的沟通。例如，团体成员私下交换看法，聚会类的活动等都属于非正式沟通。同正式沟通相比，非正式沟通能更加灵活、迅速地适应事态的变化，省去许多繁琐的程序；并且能获得通过正式沟通渠道难以获得的信息，真实地反映员工的思想、态度和动机。这种动机往往对管理决策起重要作用。非正式沟通能够发挥作用的基础，是团体中良好的人际关系。其缺点表现在，非正式沟通难以控制，传递的信息不确切，易于失真、曲解，而且，它可能导致小集团、小圈子，影响人心稳定和团体的凝聚力。除了这一点，认为应提高自身素质、注意聆听的占16%，认为酒店应该建立沟通反馈机制的占16%。

在酒店行业中，沟通伴着随酒店管理的全过程，没有有效的内部沟通，就不可能有高效的管理。只有不断完善内部沟通，排除内部沟通的障碍，才能使员工感觉自己是企业中不可或缺的一分子，从而增加员工的热情和活力，排除企业的潜在危机，激发企业的活力，增强凝聚力，使企业保持蓬勃的生机和竞争力。

在信息时代，酒店必须以积极的态度对待沟通，把管理沟通作为重要组成部分，借助各种手段进行内部沟通，使信息在酒店内部流畅起来，使员工在顾客导向、质量观念的指导下，充分发挥积极性、创造性和协作精神，以实现酒店最终的经营目标，达到“双赢”，提高酒店收益的同时也让顾客满意！

任务四　部门间沟通

一、客房部

客房部与前厅部之间必须互相通知房态变更情况，以确保高效地为宾客安排客房，避免出现混乱。两个部门的员工对对方的工作程序越熟悉，越能使两个部门间的工作顺畅。客房部员工必须对每个房间的状况了如指掌，跟踪顾客的任何需求。在大多数情况下，酒店管理信息系统支持智能终端和移动设备，供客房员工随时掌握宾客抵离店信息，这些设备通常还可以使前厅员工回应客人之需呼叫客房管理人员，为客房提供额外的毛巾甚至清洁、整理大堂等。

前厅部经理与客房经理应经常沟通即将到来的重大接待活动。如果在某一天酒店将迎来大批客人的入住和离店结账业务，前厅部经理和客房经理就应讨论按怎样的顺序安排抵店及预期离店客人。类似于“为重要客人安排房间”之类的特别需要是非常重要的，因为酒店不想为重要客人带来不便或使他们产生不良的印象。

二、工程维修部

在许多酒店，工程部的员工在每班次开始工作前要阅读前厅工作日志，明确需要维修的项目。前台接待员在工作日志上记录由宾客或员工提出的需要维修的项目，如冷暖空调失灵、管道出问题、家具破损。

许多酒店用一式数联的保修单来填写需要维修的项目。维修工作结束后，维修人员通知部门将报修单存档。如维修需要的时间过长会影响到客房出租，那么当维修结束应该立即通知客房部，客房部应立即将客房转换成可租状态。及时地交换房态信息，可以减少对营业收入的负面影响。为了提高酒店运转质量，有些酒店安排工程维修人员 24 小时值班。

本章小结

前厅部门的管理岗位是一个综合性的岗位，不但要求员工具备良好的素质和工作能力，同时还要有基本的服务技能。要能处理酒店内部员工之间的关系及员工的工作情绪，并为酒店外部客人服务。只有员工在工作岗位上工作得开心，才能给顾客带来最好的入住体验。因此，前厅的管理人员要在岗位上做好枢纽的角色。

情景实训

实训一

3~4 人一组，每组中选出一人作为酒店前厅的管理人员，其余同学扮演员工的角色，员工因排班的事情引发矛盾，现在需要解决。

实训二

3~4 人一组，每组中选出一人作为酒店前厅的管理人员，其余同学扮演员工与客人的角色，客人因为员工服务不热情投诉。

课堂讨论

1. 如果你曾在酒店前台工作过，请总结一下你认为前厅部经理都要做哪些工作？

如果没有在前台工作过，请找机会拜访一位酒店的前厅部经理，请他向你介绍一下他的工作情况。

2. 前厅部经理可以使用的管理资源有哪些？请举例说明前厅部经理如何去使用和开发这些资源。

3. 举例说明前厅部经理与酒店其他部门管理人员有哪些联系。

4. 预测对于管理工作为什么很重要？如果没有做预测的话，谁会受到影响？

知识链接

巴伦·希尔顿：不让后代接班的传奇酒店大亨

“与其让孙辈把家产败光，倒不如拿来做点好事。”

美国希尔顿酒店集团的第二代掌门人巴伦·希尔顿（Barron Hilton）上周在洛杉矶的家中去世，终年91岁。希尔顿家族基金会 Conrad N. Hilton Foundation 称其为自然死亡。

在儿子史蒂文和长孙女帕丽斯，以及前下属发表的纪念声明中，出现频率最高的词汇包括“勇于冒险”“有远见卓识”“成就非凡”。

特殊的成长背景和父辈的基因造就了爱冒险的巴伦·希尔顿。1927年10月23日，华尔街大牛市崩盘前夕，巴伦·希尔顿出生于得克萨斯州达拉斯。

在他出生的5个月前，同为北欧移民后代的查尔斯·林德伯格驾驶着单引擎飞机“圣路易斯精神号”用33.5小时从纽约飞至巴黎，创造了人类第一次飞越大西洋的奇迹，轰动全美。

七八岁的时候，巴伦经常骑着自行车到家附近的机场，出神地看着飞机降落起飞，继而下定决心长大后要学开飞机。他在19岁就考到了私人飞行执照，并将其作为一生的追求。直到2012年84岁之前，他还驾驶飞机翱翔于天际。

在以西部牛仔文化闻名的德州，父亲康拉德·希尔顿开拓冒险、白手起家的经历总能让他激动不已。

在20世纪早期，当欧洲移民大举涌进东岸城市，来自挪威的二代移民康拉德并没有随大流。当时的石油大发现促成了德州经济的繁荣，康拉德看到了机会，于1919年开始在德州的思科开创酒店帝国。

1930年代大萧条期间，康拉德差点破产。在通过多样化经营保住了8间酒店后他开始扩张版图，西至加利福尼亚，东抵芝加哥、纽约，成为美国首个经营范围横跨内陆的酒店集团。20世纪50年代至60年代，得益于旅游业和美国企业海外业务的蓬勃发展，希尔顿成为全球第一家国际连锁酒店。

作为希尔顿家的第二个儿子，巴伦站在父亲的肩膀上将家族品牌推向了新的高度。

而早在1951年加入家族业务之前，他就通过多个创业项目在商界摸爬打滚：拿下整个洛杉矶地区 Vita-Pakt Citrus Products 的产品分销权，联合创建了石油企业以及全美最早飞行器租赁公司之一的 Air Finance Corporation。

凭借着丰富的管理经验，进入希尔顿仅三年，巴伦·希尔顿就顺利升为副总裁。这段期间他还创建了针对高端客户的 Carte Blanche 信用卡项目。又经过12年，康拉德·希尔顿全身而退，巴伦·希尔顿接任希尔顿酒店集团董事长兼首席执行官。

打理家族生意的同时，希尔顿还与商业伙伴联手创建了美国橄榄球联盟（AFL）。1966 年，AFL 和竞争对手 NFL 合并，成为北美四大体育联赛之一。

“如果没有巴伦·希尔顿的远见，NFL 就肯定不会是今天的样子，” NFL 球队“闪电”的老板斯帕诺斯（Dean Spanos）在希尔顿去世后这样评价他，“巴伦是一位开拓性的领导者，敢于冒险的企业家。”

在正式成为家族生意掌门人后的 30 年里，巴伦·希尔顿通过成本控制以及资产收购方面的能力，证明自己完全继承了父亲的商业头脑。

1931 年大萧条时期，内华达州通过立法使得赌博合法化，州内最大的城市拉斯维加斯迅速崛起。希尔顿预感拉斯维加斯将会成为世界会展之都，而不仅仅是娱乐之都。1970 年，他说服董事会从赌场大亨克科里安（Kirk Kerkorian）手中购得拉斯维加斯的两家酒店，后来这两家酒店成为集团收入的重要来源。

希尔顿为这两家酒店的博彩设施引入两项创新，日后成为全球博彩业的新标准：安装监控录像头，以及前卫的 Pot o' Gold 老虎机。

巴伦·希尔顿赌对了：猫王等明星以在希尔顿酒店里演出为荣，20 岁的泰森在这里一战成名……1972 年前后，这两家酒店贡献了全美 162 家希尔顿酒店近一半的收入。

1975 年，巴伦·希尔顿以 8 300 万美元出售了六家最大型酒店的一半股权，换回收入可观的管理经营权，开创了房地产销售回租的盈利模式。

他没有停止扩张。在父亲对纽约华尔道夫酒店收购未果的 28 年后，巴伦·希尔顿替他完成了心愿。希尔顿在 1949 年以 300 万美元获得酒店 68%的股权以及 30 年的管理权。在 1977 年合同即将到期之际，巴伦·希尔顿经过谈判以 3 500 万美元从宾州中央铁路公司手中购入这家百年酒店的建筑及地块（目前价值约 10 亿美元）。

进入 20 世纪 80 年代，当竞争对手们都在美国本土大举扩张之时，巴伦·希尔顿却稳守地盘，加码押注拉斯维加斯的博彩业务，包括对两家酒店的大规模扩建，同时还推出了 Conrad International 和 Hilton Garden Inn 高端、低端两个子品牌，实现了对整个酒店业价位的全覆盖。

敢于冒险的巴伦·希尔顿也有难得的稳健一面。由于在大萧条和第二次世界大战期间目睹了父亲的困境，巴伦在财务上可谓相当审慎，始终保持着行业内最健康的资产负债表。

在巴伦·希尔顿担任 CEO 的 30 年里，集团的资本负债率始终处于低水平、信用等级保持优良，也因此得以顺利吞并巴利娱乐公司（Bally Entertainment Corp）这样的优质资产。

凭借着充裕的现金流和短期灵活的投资项目，他带领着希尔顿经受住了行业兴衰的风浪。

巴伦·希尔顿在 1996 年退休后并没有让后代接班。他与 2004 年去世的妻子玛丽莲（Marilyn Hawley Hilton）身后留下了 8 个孩子、15 个孙子（女）和 4 个曾孙女。以帕丽斯为代表的后代们更热衷于娱乐业，无心打理家族事业。

在 2007 年 12 月 25 日圣诞节这天，巴伦·希尔顿宣布效仿父亲的做法，将 97%的遗产留给后者创办的慈善基金 Conrad N. Hilton Foundation。他在声明中这样说道，“与其让孙辈把家产败光，倒不如拿来做点好事。”

巴伦的继任者博伦巴赫（Stephen F. Bollenbach）主持了长达十年的并购，使希尔顿酒店集团成为业内最大、最成功的公司之一。

随着金融海啸爆发，旅游业严重下滑，希尔顿业绩也出现下滑，2007 年房地产泡沫高峰期间被私募巨头黑石以 260 亿美元收购，经营和财务状况持续改善，于 2013 年 12 月在纽约证券交易所上市，筹资 23 亿美元，成为酒店行业规模最大的 IPO。

英文词汇与术语

1. 房务总监 director of rooms
2. 房务部经理 rooms division manager
3. 助理前厅部经理 assistant front office manager
4. 值班经理 duty manager
5. 商务中心经理 business center manager
6. 礼宾部经理 chief concierge
7. 夜班经理 night manager
8. 宾客关系经理 guest relations manager
9. 电话服务经理 telephone services manager and operators